Lessenich | Grenzen der Demokratie

[Was bedeutet das alles?]

Stephan Lessenich

Grenzen der Demokratie

Teilhabe als Verteilungsproblem

Reclam

5. Auflage

RECLAMS UNIVERSAL-BIBLIOTHEK Nr. 19625
2019 Philipp Reclam jun. Verlag GmbH,
Siemensstraße 32, 71254 Ditzingen
Gestaltung: Cornelia Feyll, Friedrich Forssman
Druck und Bindung: Esser printSolutions GmbH,
Untere Sonnenstraße 5, 84030 Ergolding
Printed in Germany 2024

ISBN 978-3-15-019625-0

Auch als E-Book erhältlich

www.reclam.de

Inhalt

1 Postdemokratie?

Demokratie – wer wäre nicht dafür? ›Demokratie‹ ist ein allseits anerkannter Hochwertbegriff, möglicherweise *der* Hochwertbegriff der westlichen Moderne schlechthin. Moderne Gesellschaften sind demokratische Gesellschaften: Diese schlicht anmutende Gleichung ist grundlegender Bestandteil des modernen Selbstverständnisses. Erst die fortschreitende gesellschaftliche Demokratisierung hat weitere Grundwerte wie Freiheit und Gleichheit allgemein zu realisieren erlaubt. Erst sie hat ›moderne‹ Gesellschaften tatsächlich, im Sinne ihrer historisch zeitgemäßen Verfasstheit, *modern* werden lassen.

Integration trotz Differenz, Einheit in der Vielfalt, Selbstbestimmung in Gemeinschaft: All diese scheinbar widersprüchlichen Leitideen moderner Vergesellschaftung sind an die ›Erfindung‹ und Existenz demokratischer Institutionen und Verfahren gebunden. Winston Churchills berühmter Ausspruch, die Demokratie sei das kleinste Übel unter den bekannten Formen politischer Regierung,[1] trifft in seiner nüchternen, sich jeder idealisierenden Emphase enthaltenden Zuspitzung den Punkt gut: Es ist die Demokratie, die die ansonsten reichlich unwahrscheinliche Tatsache der sozialen Beherrschbarkeit gesellschaftlicher Komplexität überhaupt möglich macht.

Dass Demokratie, allen wiederkehrenden Kritiken an ihrer Funktionalität zum Trotz, normativ nach wie vor einen guten Stand hat, zeigt sich nicht zuletzt daran, dass kaum jemand als un- oder gar antidemokratisch gelten möchte. Nicht zufällig reklamieren selbst ausgewiesene Autokraten das Gütesiegel für sich und ihre Intentionen. Die »gelenkte

Demokratie«, für die heute das Russland des »lupenreinen Demokraten« Putin steht, die aber schon Ende der 1950er Jahre vom damaligen indonesischen Präsidenten Sukarno praktiziert wurde, ist nur einer der zahlreichen Versuche von Regierenden aller Herren Länder, demokratische Prinzipien an nationale Gepflogenheiten bzw. an die vermeintlichen Eigenarten des jeweiligen ›Volkscharakters‹ anzupassen (sprich: diese aufzuweichen). Und sogar General Augusto Pinochet, der im Chile des Jahres 1973, unter tätiger Mithilfe eines der Mutterländer der Demokratie, die Volksdemokratie Salvador Allendes hinwegputschte und seither Tausende von Menschenleben auf dem Gewissen hatte, ließ es sich nicht nehmen, seine Regierungsweise quasi-demokratisch als eine »dictablanda« auszuweisen, also als ein sanftes politisches Diktat, das eigentlich der Bewahrung bzw. Wiederherstellung bürgerlicher Rechte diene.

Wenn daher die Demokratie mittlerweile auch hierzulande in Gefahr zu sein scheint, wenn gegenwärtig allenthalben von einer Krise, ja vom Niedergang und Verfall der liberalen Demokratie die Rede ist, dann müssen in der Tat die gesellschaftlichen Alarmglocken läuten – denn dann geht es ans Eingemachte, ans Herzstück der Moderne.

Politikverdrossenheit

Nun werden allfällige Erschöpfungserscheinungen der mindest-schlechten unter den Regierungsformen wahrlich nicht erst seit gestern öffentlich thematisiert. Ganz im Gegenteil: Die Debatte um die »Politikverdrossenheit« der Bürger*innen begleitet das politische Geschehen schon seit langem. In der Bundesrepublik prägte der Begriff bereits Ende der 1980er Jahre die öffentliche Meinung – also noch vor dem Einsetzen etwaiger Wiedervereinigungsenttäuschungen. 1992 erklärte ihn die Gesellschaft für deutsche Sprache zum »Wort des Jahres«, das dann nur zwei Jahre später auch Eingang in den Duden fand.

Begrifflich in einem gemeinsamen Assoziationsraum mit Gefühlen der Frustration, der Unlust und der Unzufriedenheit gelagert, verweist die Diagnose der Verdrossenheit durchaus auch auf die Nähe zu sinnverwandten, aber aggressiveren Stimmungen wie Verbitterung, Groll und Zorn. Und doch blieb der wissenschaftlich-politische Verweis auf den Verdruss der Leute an ›der Politik‹ über lange Zeit und für gewöhnlich irgendwie an der Oberfläche der Phänomene: Aus grundlegender *Politik*- wurde im politischen Diskurs selbst oft die personalisierbare *Politiker*verdrossenheit, für die jede*r ohne weiteres das passende Beispiel zu finden vermochte. Oder aber sie mutierte zum Topos der *Parteien*verdrossenheit, der durch den Verweis auf allgemein anschlussfähige Stereotype des Ortsvereinslebens und der ›Ochsentour‹ scheinbare Lebensnähe suggerierte und mit einem letztlich folgenlosen, augenzwinkernden Achselzucken quittiert werden konnte.

Die offenbar schon damals populäre Distanzierung vom politischen Geschehen wurde so auch lange Zeit nicht mit einer Nähe breiter Bevölkerungskreise zu populistischen Anwandlungen in Verbindung gebracht. Vielmehr galt sie als Ausweis der Wohlstandsapathie einer mit anderen Dingen, etwa Familienplanung und Konsumhandeln, beschäftigten Bevölkerung. Oder aber sie wurde der jeweils nachwachsenden ›jungen Generation‹ zugeschrieben, der die herrschenden demokratischen Verhältnisse schlicht selbstverständlich geworden seien und die daher, anders als noch ihre Eltern, politisch einfach auch einmal fünf gerade sein lasse. Die weniger harmlos anmutende Deutungsvariante hingegen blieb zumeist unausgesprochen: Dass sich nämlich hinter der fortschreitenden, an Wahlabenden nach jedem weiteren Rückgang der Wahlbeteiligung vor laufenden Kameras mit Krokodilstränen beklagten (und dann wieder ad acta gelegten) Entpolitisierung eine fundamentale, einstweilen passiv bleibende Systemkritik verbergen könnte.

Dem ist mittlerweile durchaus anders: Die öffentliche Sorge um die Demokratie geht heute tiefer. Bisweilen geht es ihr gar ums Ganze. Nicht selten werden historische Parallelen zu den 1920er Jahren und dem Scheitern der Weimarer Republik – als »Demokratie ohne Demokraten« – gezogen. Der Aufstieg der Neuen Rechten in Deutschland und Europa, die Verbreitung autoritärer Demokratien in den postsozialistischen Gesellschaften und die rechtspopulistische Regierungspolitik in Österreich und Italien, der öffentliche Auftritt selbst- und fremdernannter ›Wutbürger‹, die in den ›sozialen Medien‹ sich bahnbrechenden Eruptionen von Verachtung und Hass, die letztlich leerlaufende transmediale Aufregungsmaschinerie, die Unversöhnlichkeit des Umgangstons in der politischen Debatte, schließlich die bis hinein ins Private vordringende Dynamik des Kommunikationsabbruchs zwischen unvereinbar erscheinenden Meinungen: All das erinnert auch (und vielleicht gerade) den, der oder die politisch unruhige Zeiten allenfalls vom Hörensagen kennt, auf unheimliche Weise an ›früher‹.

»Postdemokratie«

In gewisser Weise hat der britische Politikwissenschaftler und Soziologe Colin Crouch quasi das Buch zu dem Film geschrieben, der vor dem geistigen Auge der um die Nachkriegsdemokratie Fürchtenden abläuft. Mit *Post-Democracy*, erstmals 2004 und vier Jahre später auch in deutscher Übersetzung erschienen,[2] hat Crouch ganz offensichtlich den Nerv der Zeit getroffen – und einen Begriff gesetzt, der nicht nur eine Flut wissenschaftlicher Folgeliteratur ausgelöst hat, sondern zur gängigen Münze auch in der politisch-medialen Debatte geworden ist. Wo heute zwei oder drei versammelt sind im Namen demokratischer Besorgnis, da ist Crouchs »Postdemokratie« nicht weit.

Als letztlich überlebt bezeichnet Crouch die real existierende Demokratie unserer Tage, weil sich hinter der Fassade einer funktionierenden demokratischen Ordnung – mit allem, was dazu gehört: Gewaltenteilung, Regierungswechsel, Parlamentsvorbehalt – faktisch eine schleichende Aushöhlung und Entwertung politischer Meinungsbildungs- und Entscheidungsprozesse vollziehe. Der entscheidende Grund dafür sei die zunehmend ungezügelte Dominanz ökonomischer Interessen, die sich auf mindestens zweifache Weise äußere: Zum einen in Form eines allein der oberflächlichen Aufmerksamkeitsproduktion dienenden medienindustriellen Komplexes; zum anderen in Gestalt einer Heerschar von unter Ausschluss der Öffentlichkeit auf den Hinterbühnen der Politik operierenden Wirtschaftslobbyisten. Die ›eigentlichen‹ Entscheidungen, so die Essenz des Arguments, fällen nicht die von den Bürger*innen gewählten demokratischen Repräsentanten, sondern mächtige Interessenvertreter*innen mit direktem Zugang zu Amtsinhabern und Administratoren, Expertengremien und Regulierungsbehörden. Dieser Sachverhalt werde dem Publikum durch ein politisches Schauspiel verhüllt, in dem es kaum mehr um Substanzielles, sondern ganz überwiegend um ›Menschliches, allzu Menschliches‹ geht: um lukrative Posten und reichweitenerweiternde *Posts* statt um inhaltliche Positionen, um das Ringen um die größte Aufmerksamkeit statt um die besten Lösungen. In einem Wort: Nicht um Politik, sondern um *Politainment*.

Jenseits des Wahrheitsgehalts dieser Analyse – und der Anschlussfähigkeit des Konzepts für kritisch-progressive ebenso wie für antidemokratisch-verschwörungstheoretische Ausdeutungen – ist hier vor allen Dingen von Interesse, vor welchem Gegenhorizont Crouchs Bild von postdemokratischen Verhältnissen seine bedrohlich-düstere Wirkung entfaltet. Als *das Andere* der postdemokratischen Gegenwart konstruiert er nämlich eine noch nicht allzu ferne Vergangenheit, in der vielleicht nicht alles besser, in jedem Fall aber die Welt der Demokratie noch in Ordnung war. Crouch selbst kondensiert seine Erzählung von Aufstieg und Fall der Demokratie in den westlichen Industriegesellschaften in der Figur einer Parabel: Während diese über Jahrzehnte hinweg beständig mehr Demokratie gewagt hätten, stellten die 1970er Jahre einen historischen Wendepunkt dar, seit dem die demokratische Qualität der politischen Gemeinwesen Westeuropas und Nordamerikas im steten Sinkflug begriffen sei.

Als Gegenbild der Postdemokratie dient somit der Rückblick auf ein vergangenes, ›goldenes Zeitalter‹, in dem – so heißt es – eine breite, ja tendenziell gesellschaftsweite demokratische Partizipation nachhaltig gewährleistet gewesen sei. Es war dies die Zeit der Volksparteien- und Großgruppendemokratie, eine Zeit, in der nicht nur die Wahlbeteiligung hoch war und die Wählerstimmen sich auf die politischen Repräsentant*innen der bürgerlichen und lohnabhängigen Milieus der ›Mitte‹ – auf Christ- und Sozialdemokratie, *Tories* und *Labour* – konzentrierten, sondern in der zudem Kapital und Arbeit hochgradig, im Zweifel zentral organisiert waren und als solchermaßen organisierte Interessen an demokratischen Aushandlungsprozessen mitwirkten – und zwar nicht nur im Binnenverhältnis, also mit Blick auf die sozialpartnerschaftliche Gestaltung von Produktions- und Arbeitsbedingungen, sondern, weit darüberhinausgehend, auch im Dreiecksverhältnis mit staatlichen Instanzen, die wichtige politische Vorhaben in Rücksprache und möglichst im Einvernehmen mit den maßgeblichen gesellschaftlichen Interessenorganisationen angingen – also in der »korporatistischen« Koordination mit Gewerkschaften und Arbeitgeberverbänden.

Nach allem, was man weiß, ist dieses Narrativ vom kurzen Sommer der Demokratie, hier nur leicht überstilisiert wiedergegeben, in seinem Realitätsgehalt durchaus fragwürdig. Nicht, dass es völlig aus der Luft gegriffen wäre – keineswegs. Doch in seiner Überhöhung der effektiven Beteiligung und Teilhabe des ›produktiven Kerns‹ der industriellen Nachkriegsgesellschaft an den Schaltstellen und Segnungen der korporatistischen Demokratie blendet es zumindest wesentliche Teile der sozialen Realität dieser Gesellschaft aus: Die demokratische Schattenexistenz von Frauen, Migrant*innen oder Nicht-Erwerbstätigen kommt in den retrospektiven Mystifizierungen der ›guten alten

Zeit‹ – wenn überhaupt – nur am Rande vor. Selbst eindrückliche Studien, die das sozialstrukturelle Wahlbeteiligungsgefälle zwischen sozial privilegierten und benachteiligten Milieus dokumentieren, legen häufig nahe, dass der faktische Ausschluss der ärmeren Schichten von politischer Partizipation erst mit dem Siegeszug des ›Neoliberalismus‹ eingesetzt habe.[3]

Vor allem aber hat das befremdliche Idealisieren des Korporatismus, das sich – so ein empirisch nicht systematisch überprüfter Eindruck – gehäuft im Schrifttum älterer, männlicher, sozialdemokratiezugewandter Sozialwissenschaftler findet, auch Konsequenzen, was die Frage wünschenswerter Repolitisierungs- und Demokratisierungsprozesse betrifft. Im Lichte der bedrückenden Gegenwart erscheint eine bessere Zukunft dann gleichsam als Verlängerung der Vergangenheit. Die Wiederherstellung der industriekapitalistischen Konstellation des Nationalkeynesianismus wird zum demokratiepolitischen Rettungsschirm, denn die »imaginierte Demokratie nach der Postdemokratie ähnelt in vielem der in den 1980er-Jahren verlorenen korporativen Demokratie.«[4]

Die Dialektik der Demokratie

Gegen eine solche demokratiehistorische Weiß-Schwarz-Malerei gilt es, analytisch mehr Uneindeutigkeit zu wagen. Genau dieses Ziel verfolgt das vorliegende Buch: Gegen eine zunehmend verbreitete Demokratiemelancholie, in deren schummerigem Licht die euroatlantische Nachkriegszeit als das Höchste der demokratischen Gefühle glänzt, soll hier argumentiert werden, dass Demokratie ein zweischneidiges Schwert ist – und immer schon gewesen ist. Denn demokratisch verfasste politische Gemeinwesen ziehen dem sozialen Raum der Berechtigung grundsätzlich Grenzen. Der gesellschaftshistorischen Bewegung hin zu ›mehr Demokratie‹ ist zugleich eine Gegenbewegung eingelagert, eine gegenläufige Bewegung der Begrenzung und Beschränkung demokratischer Teilhabe. Diesen Sachverhalt bezeichne ich als *Dialektik* der Demokratie. Während Crouchs Parabel eine Generaltendenz zunächst der Zu-, sodann der Abnahme von Demokratie unterstellt, erscheint bei genauerem Hinsehen die Vorstellung einer Spiralform demokratischer Entwicklung realistischer: Das demokratische Berechtigungsniveau wird nach und nach höhergeschraubt – doch auf ihrem scheinbar kollektiven Weg nach oben lässt die Demokratie immer wieder auch ganze Kollektive zurück.

Wie kaum eine zweite ist die moderne Demokratiegeschichtsschreibung eine Erzählung der Sieger. Die Zukurzgekommenen der Demokratie, die auf der Berechtigungsstrecke Gebliebenen, sind ihr für gewöhnlich nicht der Rede wert. Die gängige Rekonstruktion von Deutschlands Weg nach Westen mag beispielhaft dafür stehen: Vom autoritären, aber doch auch protodemokratischen Kaiserreich über die erste, von Anbeginn unter einem schlechten Stern stehende Demokratie auf deutschem Boden zog der Treck, kurzfristig aufgehalten durch die Schergen des Naziregimes und zeitweilig begleitet durch den Unrechtsstaat der SED-Diktatur, über die kriegsgeläuterte und europapolitisch eingehegte Bonner hin zur wiedervereinigten, selbstbewussten Berliner Republik, in der die deutsche Demokratie endlich zu sich kommt. Wenn da nur nicht noch einige ewiggestrige DDR-Nostalgiker*innen im Osten verblieben wären. Wenn dieser Höhepunkt der Demokratiegeschichte nicht unseligerweise mit dem einsetzenden Siegeszug des Neoliberalismus zusammengefallen wäre. Und wenn die vom neuen Marktradikalismus Geschädigten sich nicht zunehmend als von der real existierenden Demokratie enttäuschte, wiedergestrige Rechtspopulist*innen entpuppen würden.

So könnte man es sehen. Zugegeben: So einseitig-holzschnittartig sehen es die wenigsten. Doch moderne Demokratiegeschichte als die Geschichte vom langen, unruhigen Fluss zu erzählen, der sich seit ungefähr den 1970er Jahren in einer weiten Schleife wieder in die Gegenrichtung zu bewegen scheint: Das ist doch durchaus und im wahrsten Sinne des Wortes narrativer *Mainstream*. Die hier zu präsentierende Gegenerzählung richtet ihren Blick hingegen auf diejenigen, die von diesem langen Strom schon vor dessen vermeintlicher Umkehr nicht erfasst wurden, die an den Stromschnellen demokratischer Entwicklung ans Ufer gespült wurden und dort zurückblieben. Die Hinterbliebenen des demokratischen Fortschritts: Das sind, wenn man in einer solch pathoslastigen Bilderwelt bleiben möchte, die Held*innen dieser Gegenerzählung.

Damit ist mehr angesprochen als die in der historischen Soziologie vielfach – und fraglos zu Recht – thematisierte »Ambivalenz der Moderne«, mehr als nur ihre Doppeldeutigkeit, mehr als die Koexistenz von Modernem und Vormodernem, als die Gleichzeitigkeit von Freiheit und Zwang. Vielmehr geht es um die *innere Verbundenheit* des Gegenteiligen, um die *Gleichursprünglichkeit* des Entgegengesetzten – um den strukturellen Zusammenhang zwischen Ausdehnung und Begrenzung der Demokratie, um das dynamische Zusammenspiel von Prozessen der Berechtigung und Nicht-Berechtigung oder gar Entrechtung. Es geht, genauer noch, um Freiheit und Zwang, Berechtigung und Entrechtung, Teilhabe und Ausschluss als *soziale Verteilungsfragen*: Es geht darum, dass in der Geschichte der modernen Demokratie die Freiheiten der einen regelmäßig die Zwänge der anderen waren, dass die Berechtigung der einen auf der Entrechtung anderer beruhte. Oder um es auf eine Kurzformel zu bringen: Die Geschichte der Demokratisierung ist eine Geschichte von *Teilhabe durch Ausschluss*. Und zwar bis auf den heutigen Tag.

Eine die gängigen gesellschaftlichen Selbstdeutungen korrigierende, zumindest aber kontrastierende Gegenerzählung von Demokratisierung als dialektischem Prozess zielt darauf, die der modernen Demokratie von Anbeginn an innewohnende Widersprüchlichkeit zu beleuchten – und damit auch die strukturelle, alles andere als zufällige Konflikthaftigkeit der demokratischen Entwicklung zu betonen. Mit dem hier gewählten Fokus werden die Schattenseiten der »rich democracies« sichtbar, rücken die armen Verwandten der reichen demokratischen Gesellschaften des Westens ins Zentrum des Geschehens. Und es wird deutlich, dass ›Demokratie‹ mehr ist als nur eine Regierungsform.

Demokratie, in all ihren sozialen Voraussetzungen und Implikationen, ist eine Gesellschaftsform, eine gesellschaftliche Lebensweise – so wie dies Alexis de Tocqueville, der große Klassiker des soziologischen Demokratieverständnisses, schon für die Demokratie im Amerika (sprich den USA) der 1830er Jahre zu beobachten wusste.[5] Ihr Dreh- und Angelpunkt, auch dies eine bleibende Einsicht Tocquevilles, ist das Prinzip der Gleichheit: die Idee gleicher Lebensbedingungen – und zwar für ›alle‹. An diese Bestimmung knüpft auch der vorliegende Essay an: Unter ›Demokratie‹ soll hier, in erster Näherung, das gleiche Recht aller Bürger*innen auf Teilhabe an der kollektiven Gestaltung der sie gleichermaßen betreffenden gesellschaftlichen Lebensverhältnisse verstanden werden. Die *gleiche Teilhabe an der politischen Gestaltung der eigenen Lebensverhältnisse*: Das mag zunächst wie ein bloß formales Demokratieverständnis anmuten. Dabei ist es eines, das es durchaus in sich hat.

2 Öffnen und Schließen

Demokratie ist kein Selbstläufer. Vielmehr war sie von jeher umstritten, und sie ist dies bis heute geblieben. Zunächst einmal – zweifellos der harmlosere Teil der Geschichte – blieb sie dies als Konzept: Neben dem der Demokratietheorie gibt es wohl kein zweites Feld sozialwissenschaftlicher Theoriebildung, das auf eine derart lange und ehrwürdige Ahnenreihe zurückblicken kann und aus dem ähnlich zahlreiche Begriffe des damit zu erfassenden Gegenstands hervorgegangen sind. Selbstverständlich jeweils unterschiedliche, miteinander konkurrierende Begrifflichkeiten. Wer ›Demokratie‹ sagt, meint damit in irgendeiner Form ein politisches Arrangement der Volksherrschaft. Doch wer das ›Volk‹ ist (das Staatsvolk, die Volksnation, die gesellschaftliche Gemeinschaft, die Zivilgesellschaft?) und was dessen Herrschaft ausmacht (die Wahl von Repräsentant*innen, die Kontrolle der Regierung, die Sicherung der Gewaltenteilung, die Entscheidung von Sachfragen?) – darüber gehen die wissenschaftlichen Meinungen weit auseinander.

Umstritten oder, mehr noch, umkämpft war und ist die Demokratie aber vor allen Dingen als soziale Tatsache. Die häufige Rede von der Demokratie als einer gesellschaftlichen ›Errungenschaft‹ kommt nicht von ungefähr: Demokratie musste historisch tatsächlich errungen, sprich: durch große Anstrengungen erreicht werden. Der moderne Prozess der Demokratisierung war immer ein soziales Ringen um Beteiligung, Mitbestimmung, Berechtigung. Die Beteiligung der Vielen, ja tendenziell ›aller‹, an politischen Entscheidungen, ihre Mitbestimmung des politischen Geschehens, ihre Anerkennung als Bürger*innen, die etwas zu sagen und politisch ›ein Wörtchen mitzureden‹ haben: All dies war historisch keineswegs selbstverständlich. Ganz im Gegenteil, es galt lange Zeit als unerhört, das entsprechende Verlangen blieb ungehört – und musste sich dementsprechend selbst den Weg bahnen. Dass Demokratie gesellschaftlich ›errungen‹ wurde, ist als recht harmlos klingende Umschreibung für eine Entwicklung zu lesen, die immer konflikthaft, nicht selten auch gewaltsam, ja blutig vonstatten ging.

Die Geschichte aller bisherigen Demokratie ist somit eine Geschichte politischer Kämpfe – und im Kern eine Geschichte der Klassenkämpfe. Der Kampf um die Demokratie bzw. um die Demokratisierung der gesellschaftlichen Verhältnisse lässt sich rückblickend als politisch-soziale Antwort auf das Problem zunächst aristokratischer, sodann bürgerlicher Klassenherrschaft verstehen. Gegen eine Gesellschaftsordnung, in der die politischen Herrschaftspositionen jenen Wenigen vorbehalten waren, die aufgrund ihrer Familien- oder Standeszugehörigkeit ›immer schon‹ herrschten, regte sich historisch der Unmut und Widerstand eines Bürgertums, das den Zugang zu diesen Positionen nicht mehr durch Geburt, sondern nach Maßgabe von Leistung und Erfolg geregelt wissen wollte. Die wirtschaftlich aufstrebende Klasse wollte nun auch politisch das Sagen haben. Das Recht auf politische Mitsprache meinte man sich durch wirtschaftliche Anstrengung redlich erworben zu haben – und drängte mit entsprechender Macht darauf, dass Erwerb und Besitz zum neuen Fundament politischer Herrschaft werden sollten.

Gegen diese Vorstellung und zunehmend auch Realität einer bürgerlichen Demokratie wiederum richtete sich mit der Zeit der Unmut und Widerstand einer Arbeiterschaft, die nicht ganz grundlos für sich in Anspruch nahm, mit ihrer Hände Arbeit die eigentliche Quelle des bürgerlichen Reichtums zu sein – und aus dieser Tatsache ihrerseits politische Ansprüche ableitete. Die durch Arbeitsniederlegungen sinnfällig demonstrierte Tatsache, dass alle Räder und damit auch der Mechanismus industrieller Wertschöpfung und bürgerlicher Wertaneignung stillstehen, wenn ihr starker Arm es will, gab der (insbesondere organisierten) Arbeiterbewegung die Macht, zumindest ein gewisses Maß an politischer Mitsprache für sich einzufordern. Es gelang ihr, die bürgerliche Demokratie zu demokratisieren, die Herrschaft der bürgerlichen Besitzklassen für die parlamentarische (und bisweilen auch betriebliche) Mitbestimmung der lohnabhängigen Erwerbsklassen zu öffnen. Erst auf diese Weise wurde die bürgerliche Demokratie zu jener demokratischen Ordnung, wie wir sie kennen und wie sie etwa in Artikel 28 des Grundgesetzes kodifiziert ist, der alle politisch Verantwortlichen in ihrem Handeln auf die verfassungsmäßigen Grundsätze des »republikanischen, demokratischen und sozialen Rechtsstaates« festlegt.

Berechtigungsräume: Öffnung …

Worum ging es nun in dieser langen und verworrenen, hier selbstverständlich unangemessen kurz und bündig zusammengefassten Geschichte? Auf einen soziologischen Nenner gebracht – und wie bereits angedeutet – um die fortschreitende *Öffnung von Berechtigungsräumen*. Der moderne Prozess der Demokratisierung lässt sich in der

Rückschau als die schrittweise Umsetzung einer gesellschaftlichen Öffnungsprogrammatik begreifen. Demokratie als die Chance auf aktive Gestaltung der eigenen Lebensverhältnisse wurde tendenziell ausgeweitet, und zwar sowohl in der Sozial- wie auch in der Sachdimension: Zunehmend größeren Teilen der Bevölkerung wurde in zunehmend mehr Bereichen des gesellschaftlichen Lebens der vollwertige Bürgerstatus zuerkannt.

Exakt dies ist es, was in der Soziologie als Dynamik gesellschaftlicher *Inklusion* bezeichnet wird – und für das der Brite Thomas H. Marshall in seinem bahnbrechenden, unmittelbar nach dem Zweiten Weltkrieg verfassten Beitrag »Citizenship and Social Class«[6] nicht nur die einschlägige Begrifflichkeit prägte, sondern gleich auch die historisch-soziologische Theorie mitlieferte. Was er als *Citizenship* bezeichnete und was mit der gängigen deutschen Übersetzung als ›Staatsbürgerstatus‹ nur unzureichend erfasst wird, ist die Gesamtheit all jener Berechtigungspositionen, die aus den fremdbestimmten Mitgliedern eines politischen Herrschaftsverbands zugleich selbstbestimmte Bürger*innen eines demokratischen Gemeinwesens werden lassen – und die letztlich die Substanz der modernen Demokratie ausmachen.

Schon im Titel von Marshalls klassischem Text wird deutlich, dass die so verstandene ›Bürgerschaft‹ etwas mit der Klassenstruktur moderner Gesellschaften zu tun hat. Und dass die moderne Demokratie mithin, so lässt sich der Gedanke unmittelbar weiterführen, in Verbindung steht mit der modernen Marktökonomie. Den theoretischen Schlüssel zu diesem Verhältnis stellen besagte Berechtigungspositionen dar, die von Marshall – die englische Sozialgeschichte vor Augen – als Elemente eines über Jahrhunderte hinweg angereicherten, in der Nachkriegsdemokratie seinen Höhepunkt findenden Bürgerstatus gedacht werden. In ihrem damals vorläufigen historischen Endstadium (Marshall schreibt dies, wie gesagt, in den späten 1940er Jahren) zeichnet sich die demokratische Gesellschaft dann dadurch aus, dass sie ihren Bürger*innen jene politische Teilhabe gewährleistet, die es ihnen ermöglicht, über die Verhältnisse ihrer sozialen Existenz mitzubestimmen (eine soziale Existenz, die wiederum maßgeblich durch ökonomische Faktoren beeinflusst wird).

Um diese Elemente, um die Struktur ihrer Verknüpfung und die Dynamik ihrer Beziehungen, geht es also: Um die ökonomisch bedingte Lebensweise der Menschen und die rechtliche Ermächtigung zu ihrer politischen Gestaltung. Knapper lässt sich kaum auf den Punkt bringen, dass sich die moderne Demokratie – als gesellschaftliche Lebensform – nur in Verbindung mit weiteren sozialen Makrostrukturen denken lässt. Nämlich, auf der einen Seite, dem modernen Kapitalismus, als Ensemble der ökonomischen Bedingungen und Bedingtheiten sozialer Existenz, und, auf der anderen Seite, dem modernen Staat, in seiner Gestalt als Rechts- und Wohlfahrtsstaat, als Arrangement der politischen Regulierung eben jener sozioökonomischen Bedingungen und Bedingtheiten.

Der konzeptionelle Kunstgriff Marshalls bestand nun darin, diesen überaus komplexen Zusammenhang in einer einzigen analytischen Dimension zu bündeln, nämlich im Prozess der Inklusion – und letztlich Vollinklusion – in ein gesellschaftliches System von Berechtigungen. Im Einzelnen vollzieht sich dieser Prozess in vier Anläufen, die mit der Etablierung von *vier Welten der Berechtigung* verbunden sind:

1. Bürger*innen werden demnach überhaupt erst zu ebensolchen durch die Zuerkennung von *bürgerlichen* Rechten, im Sinne von Verfügungsrechten über sich selbst: über die eigene Person, den eigenen Körper, den eigenen Geist.
2. Solchermaßen in den Bürgerstatus versetzt, ermöglicht der Zugang zu *politischen* Rechten es den zur Selbstbestimmung befähigten Subjekten, an jenen Entscheidungen teilzuhaben, die – via Gesetzgebung – alle Bürger*innen gleichermaßen in ihrem Handeln binden sollen.
3. Über solch kollektiv bindenden Entscheidungen wiederum wird auch die Garantie *sozialer* Rechte möglich, die es den Bürger*innen erlauben, in einer kapitalistischen Ökonomie als handlungsfähige Marktakteure aufzutreten: Für Marktbürger*innen stellt das Recht auf Zugang zu öffentlichen Systemen der Bildung, Gesundheitsversorgung und Einkommenssicherung sowohl die Voraussetzung ihres Arbeitsmarkterfolgs wie auch eine Rückfallposition für den Fall seines Ausbleibens dar.
4. Schließlich macht die Tendenz zur Ausdehnung der Bürgerrechte auch nicht vor den Toren jener Organisationen halt, in denen die Bürger*innen ihre Beschäftigungs- und Einkommenschancen suchen. Mit *industriellen* Rechten ausgestattet, werden sie auch als Lohnabhängige im Betrieb zu Rechtssubjekten, die in Fragen der Arbeits- und Arbeitsplatzgestaltung zu hören und zu beteiligen sind.

Rechte machen Leute: Es ist die Anhäufung und Kombination von Berechtigungspositionen, die den modernen Bürgerstatus ausmacht. Erst sie lässt die moderne Gesellschaft zur Demokratie werden, zu einer Gesellschaft, deren Dreh- und Angelpunkt die Idee einer rechtlich verbürgten, basalen Gleichheit ist. Demokratie ist dann eben nicht mehr nur eine Regierungs-, sondern eine Lebensform. Sie ist die moderne Form der Organisation des sozialen Lebens, deren Besonderheit und Essenz in der »Gleichheit der gesellschaftlichen Bedingungen« besteht.[7]

Mit Marshalls Konzeption moderner Demokratien als gesellschaftlichen Inklusionsmaschinen ist die Vorstellung anhaltenden demokratischen Fortschritts sozialwissenschaftlich gesetzt; über die an Marshall anschließende Modernisierungstheorie des US-amerikanischen Soziologen Talcott Parsons geht sie nach 1945 ins Standardrepertoire der westlichen Soziologie ein. *Citizenship* gilt seither als der große Gleichheitsgenerator: Immer mehr Personengruppen, die in den Genuss von immer zahlreicher werdenden Rechtsansprüchen kommen. Demokratie als System gleicher Berechtigung schien eigenlogisch vor sich hin zu prozessieren. Crouchs Parabel, mit ihrer Symbolik eines lang andauernden Aufstiegs, ist Sinnbild dieser demokratischen Fortschrittserzählung, die sich mit dem Mauerfall 1989 und dem anschließenden Ausgriff der modernen Inklusionsdynamik auch auf den ehedem autoritär-staatssozialistisch beherrschten Teil der Welt nochmals eindrucksvoll zu bestätigen schien. Das Drehbuch der modernen Demokratie – die Eröffnung immer neuer Berechtigungsräume – schrieb sich geradezu von selbst.

... und Schließung

Dabei sah dieses Drehbuch neben seinen Protagonisten, den demokratisch berechtigten Bürger*innen, immer auch reichlich Statisten vor. Und zwar ganz unabhängig davon, zu welchem historischen Zeitpunkt man die demokratische Parabel an ihrem Höhe- und Scheitelpunkt angekommen wähnt, ob nun schon Ende der 1960er Jahre mit Willy Brandt, Ende der 1980er mit den Leipziger Montagsdemonstrant*innen oder gar erst mit der Occupy-Bewegung zum Ende der 2000er Jahre. Wie auch immer: So oder so macht Crouchs Parabel, indem sie die Prä-Postdemokratie bis irgendwann in die jüngere Vergangenheit hinein auf dem aufsteigenden Ast sieht, nur die Nettorechnung der modernen Demokratiegeschichte auf.

Was heißt das? Halten wir uns an den Duden: ›Netto‹, was im Italienischen eigentlich ›rein‹ bedeutet und auf das lateinische *nitidus* (›glänzend‹) zurückgeht, meint in der Kaufmannssprache einen Wert nach Abzug der Kosten. Der unerwünschte, in der Rechnung zu vernachlässigende Teil des Gesamten – des Bruttowerts – wird von diesem abgezogen, das Ganze um diesen Anteil bereinigt.

Et voilà, besser kann man die gängige Praxis der Demokratieerzählung nicht auf den Punkt bringen: Wer von der Entwicklung der modernen Demokratie als reiner Fortschrittsgeschichte redet, der bereinigt diese für gewöhnlich um deren zu vernachlässigende Kosten. Eine Bruttorechnung der Demokratie hingegen würde weniger glänzende Zahlen liefern: Vom italienischen *brutto*, zu Deutsch ›roh‹, und damit dem lateinischen *brutus* (›brutal‹) herrührend, bezieht sie sich auf den Wert vor bzw. ohne Abzug der Kosten. ›Brutto‹ ist gewissermaßen die ehrlichere, ungeschönte Zahl. Auf den hier interessierenden Gegenstand gemünzt, würde das bedeuten: Wer die Bruttogeschichte der Demokratie in den Blick nimmt, der sieht auch die Parallelgeschichte zum Aufstieg der Demokratie – eine Verfallsgeschichte, die eben nicht erst am historischen Wendepunkt der Parabel einsetzt, sondern immer schon Teil der modernen Demokratisierungsgeschichte selbst gewesen ist.

Um ein letztes Mal die Kaufmannssprache zu bemühen: Netto ist ein Teil des Brutto, ist nur ein Teil des Gesamten. Demokratiesoziologisch gewendet, verweist dies auf den fundamentalen Sachverhalt, dass die zuvor skizzierte Öffnung von Berechtigungsräumen nur *ein Teil* des Ganzen ist. Der andere, eben nur auf Kosten einer Halbierung der Demokratiegeschichte zu vernachlässigende Teil ist die gegenläufige, in unmittelbarer Verbindung mit der demokratischen Öffnungsprogrammatik stehende Dynamik der *Schließung von Berechtigungsräumen*. Diese andere – wenn man so will: ›dunkle‹, hässliche, jedenfalls weniger glänzende – Seite der Geschichte gilt es hier zu erzählen.

Eine überaus willkommene Hilfe bei diesem Anliegen ist die soziologische Schließungstheorie. Das Konzept der ›sozialen Schließung‹ hat seinen Ursprung in Max Webers grundbegrifflicher Unterscheidung von offenen und geschlossenen sozialen Beziehungen. Unabhängig davon, ob im großen (gesellschaftlichen) oder kleinen (gemeinschaftlichen) Maßstab: Stets folgen die beiden Beziehungstypen einem entgegengesetzten Operationsmodus. Entweder sie sind offen für die Beteiligung Dritter oder aber sie verschließen sich dieser. Im einen wie im anderen Fall ist für Weber der Beweggrund des Handelns die Sicherung bzw.

Erweiterung von Handlungschancen: Erwarten die Beteiligten von der Öffnung ihres sozialen Handlungszusammenhangs eine Verbesserung – oder wenigstens die Vermeidung einer Verschlechterung – ihrer Lage, »so sind sie an Offenheit«, wenn umgekehrt, »so sind sie an Schließung nach *außen* interessiert«[8].

Schon hier wird ein erster zentraler Aspekt von Schließungshandeln deutlich: Diese Handlungsoption wird dann gewählt, wenn und insoweit man sich von ihr einen wie auch immer gearteten Vorteil verspricht. Meint man hingegen, dass der entgegengesetzte Handlungstyp vorteilhafter ist oder sein könnte, dann optiert man eben für Öffnung. Öffnendes ist somit gegenüber schließendem Handeln keineswegs immer und von vornherein normativ höherwertig (und umgekehrt), es ist nicht grundsätzlich die edlere Variante: Mafiöse Clans können sich zur Öffnung ihrer ›Familie‹ entschließen, wenn sie sich davon bessere Geschäfte versprechen, ebenso wie Nationalgesellschaften sich dazu veranlasst sehen mögen, ihre Grenzen zu öffnen, um ökonomisch von der Zuwanderung von IT-Spezialisten oder Altenpflegerinnen zu profitieren.

Ein zweiter zentraler Aspekt, der in unserem Zusammenhang von ganz entscheidender Bedeutung ist, liegt darin, dass schließendes soziales Handeln ein basaler Mechanismus der Herstellung und beständigen Wiederherstellung von *sozialer Ungleichheit* ist. Dies hat seinen Grund in dem genannten Sachverhalt, dass Schließungshandeln immer der Verbesserung der eigenen Lage bzw. zumindest der Wahrung der eigenen Position dienen soll. In einem sozialen Zusammenhang bedeutet dies notwendig und unvermeidlich, dass ein solcher Anspruch gegenüber dem analogen Anliegen Dritter geltend gemacht werden muss, die sich ihrerseits besserstellen oder aber ebenso wenig schlechter gestellt sehen wollen. Die eigene Lage oder Position muss also grundsätzlich *gegen ein soziales Außen* und *gegen außenstehende Andere* gesichert oder gestärkt werden. Soziale Schließung ist demnach ein »typisch sich wiederholender Vorgang« der einseitigen Aneignung, genauer – und noch schärfer formuliert – eine in jedem sozialen Zusammenhang sich zeigende »Tendenz zum Monopolisieren bestimmter, und zwar der Regel nach ökonomischer Chancen«[9]. Soziale Schließung ist ein Nullsummenspiel: Was den einen vorbehalten bleibt, bleibt den anderen genau durch diesen Vorbehalt verwehrt. Von dem, was die einen sich aneignen und für sich ganz allein, eben *ausschließlich* für sich selbst in Anspruch nehmen, sind die anderen, die (aus ihrer Sicht: leider) draußen bleiben müssen, automatisch *ausgeschlossen*.

Ein dritter zentraler Aspekt von sozialer Schließung im Sinne des Weber'schen Begriffs besteht schließlich darin, dass sich das durch Interessen an der Monopolisierung von Chancen angetriebene Schließungshandeln gegen – ihrerseits selbst an Chancenteilhabechancen interessierte – Mitbewerber*innen richtet, »welche durch ein gemeinsames positives oder negatives Merkmal gekennzeichnet sind«[10]. Wobei mit Weber selbst zu ergänzen ist: gekennzeichnet durch ein gemeinsames Merkmal, das den anderen im Zweifel als solches *zugeschrieben* und dann als positiv oder negativ gerahmt wird. Anders gesagt: Außenstehende stehen nicht ›immer schon‹ außen, sondern sie werden zu konkreten historischen Zeitpunkten unter konkreten sozialen Bedingungen zu solchen *gemacht*. Ob man nun aber, um sich gegen sie ab- und sie von Chancen ausschließen zu können, ihre Andersartigkeit an ihrem Alter oder ihrem Geschlecht, ihrer ethnischen Zugehörigkeit oder ihrer sozialen Herkunft, ihrer Sprache oder ihrer Hautfarbe festmacht, ist letztlich vollkommen willkürlich und – im Wortsinne – *gleichgültig*.

Öffnungen der Schließungstheorie

Eigentlich scheint also mit Weber bereits – wie zu so vielem – alles gesagt zu sein zum sozialen Schließungshandeln. Doch bevor wir das Konzept für das Problem des Öffnens und Schließens demokratischer Berechtigungsräume nutzbar machen, seien zwei soziologische Weiterentwicklungen desselben benannt, die den Gebrauchswert der Schließungstheorie für die Gesellschaftsanalyse nochmals deutlich erhöht haben, nämlich die Ansätze der britischen bzw. kanadischen Soziologen Frank Parkin und Raymond Murphy. Zwar getrennt voneinander, aber de facto doch mit vereinten Kräften, haben die beiden in den 1970er und 80er Jahren[11] daran gearbeitet, Webers Verständnis des Phänomens für das Denken in gesellschaftlichen *Strukturen* der Schließung sowie in Kategorien des *Konflikts* zwischen unterschiedlichen Formen des Schließungshandelns zu öffnen. Ihre Überlegungen seien hier zumindest in den Grundzügen skizziert.

War Marshalls berühmter Beitrag zur modernen Inklusionsdynamik *Citizenship and Social Class* betitelt, so ließe sich Parkins Fortschreibung der Theorie sozialer Schließung unter dem analogen Betreff »Closure and Social Class« verhandeln. Auch für ihn ist Schließungshandeln eines, das auf die Maximierung von kollektiven Ansprüchen auf Vorteile und Erfolgschancen[12] zielt. Der Clou seines Ansatzes besteht nun aber darin, zwei typische, wechselseitig aufeinander bezogene (»reziproke«) Schließungsstrategien voneinander zu unterscheiden. Die Grundüberlegung ist einfach: Wo die einen die anderen von der Beanspruchung begehrter Ressourcen auszuschließen trachten bzw. dies auch erfolgreich tun, da nehmen die anderen einen solchen Ausschluss nicht einfach unwidersprochen hin. Vielmehr geht die Schließungsgeschichte im Zweifel weiter – wenn und sobald nämlich »die Ausgeschlossenen selbst in direkter Reaktion auf ihren Außenseiterstatus bestimmte Maßnahmen ergreifen«,[13] und das bedeutet: ihrerseits zur Waffe der sozialen Schließung greifen.

So gehen Klassenkämpfe, schließungstheoretisch gesehen; und dies nicht erst heute, sondern grundsätzlich. Auf das Schließungshandeln der einen folgt das Schließungshandeln der anderen, auf die »Macht der *Ausschließung*« wird mit der »Macht des *Solidarismus*«[14] reagiert. Ausschließung ist dabei Parkin zufolge die dominante Schließungsform: Sie bezeichnet das Streben einer sozialen Gruppe, ihre Lage oder Position durch Unterordnung und damit Schlechterstellung einer anderen Gruppe zu erhalten oder zu verbessern. Diese Schließung *nach unten* aber – die das ›Unten‹ gegebenenfalls erst im Akt der Schließung produziert – geschieht in einer komplexen Gesellschaft nicht nur einmal, sondern vielfach und immer wieder. Wer durch Schließung von Berechtigungsräumen ausgeschlossen wird, versucht zunächst dasselbe zu tun, also für wiederum andere den Zugang zu den verbleibenden Möglichkeiten und Ressourcen zu beschränken und damit ein weiteres ›Unten‹ zu schaffen. Parkins Vorstellung sozialer Schließungskaskaden ist dazu angetan, die Klassenanalyse moderner Gesellschaften aus der bei Marx angelegten dualistischen Engführung zu befreien. Der unauflösbare Widerspruch zwischen den Klassen erschöpft sich aus dieser Perspektive nicht im Gegensatz einer sozial ausschließenden Kapitalisten- und einer sozial ausgeschlossenen Arbeiterklasse. Vielmehr suchen Gruppen auf jeder Hierarchiestufe der Sozialstruktur, die verbleibenden Lebenschancen zu monopolisieren und gegen ein jeweils noch weiter abgehängtes Unten zu schließen.

Die zweite, nachgeordnete Schließungsform ist nach Parkin die des Solidarismus. Schließungstheoretisch gesehen ist dieser gewissermaßen das Brot der armen Leute: Wem es selbst nicht möglich ist, weiter nach unten auszuschließen, muss sich eben zusammenschließen und die Anstrengungen, seine soziale Lage oder Position zu verbessern, notgedrungen *nach oben* richten. Es geht hier also um die Schließungsversuche ausgeschlossener Gruppen, denen eigenes Ausschließungshandeln effektiv verschlossen ist – und die ihr Glück folglich darin suchen müssen, ein Stück vom Kuchen der Reichen und Mächtigen zu ergattern. Die eingangs dieses Kapitels genannten demokratischen Klassenkämpfe, zunächst des Bürgertums gegen den Adel und sodann der Arbeiterschaft gegen das Bürgertum, sind klassische Beispiele für mehr oder weniger erfolgreiche Versuche, bestehende Ressourcenmonopole – der politischen Macht, des ökonomischen Besitzes, der kulturellen Deutungshoheit – aufzubrechen und für die Teilhabe bislang von diesen ausgeschlossener Gruppen zu öffnen.

Der kurze Abriss von Parkins dynamischer Konzeption sozialer Schließungsbeziehungen und -konflikte sollte nicht ohne den Hinweis schließen, dass soziale Gruppen durchaus auch beide Strategien – Ausschließung und Solidarismus – gleichzeitig verfolgen können, um das größtmögliche Maß an Chancen und Ressourcen für sich zu beanspruchen. Eine solche schließungspolitische Doppelstrategie ist »charakteristisch für Gruppen, die auf der mittleren Ebene im Schichtungsgefüge angesiedelt sind«[15]. Das berühmt-berüchtigte Radfahrerprinzip – nach oben buckeln, nach unten treten – ist demnach nur die defensive Variante des Schließungshandelns gesellschaftlicher Mittelklassen. Schließungstheoretisch mindestens ebenso plausibel ist der offensivere Versuch, das eine zu tun, ohne das andere zu lassen: Während der Klassencharakter der ›Mittelschichten‹ nach Parkin durch ihre dominante, gegen die Unterklassen gerichtete Ausschließungsstrategie bestimmt ist, steht ihnen doch zugleich auch die Zweitoption eines die Oberklassen und deren Privilegien aufs Korn nehmenden solidaristischen Handelns offen. Wer die heutige politische Konfliktkonstellation etwa in der Bundesrepublik Deutschland betrachtet, wird unschwer eine solch doppelsinnige klassenpolitische Positionierung der ›Mitte‹ erkennen.

Wie Frank Parkin führt auch Raymond Murphy eine weiterführende begriffliche Unterscheidung in die Schließungstheorie ein, und zwar die von *primären* und *abgeleiteten* Schließungsformen. Damit leistet er den entscheidenden Beitrag, um die Vielzahl und Vielfalt gleichzeitig bestehender Schließungsbeziehungen in den Blick zu nehmen: Nur so lässt sich nämlich die gesellschaftliche Schließungsstruktur als Ganze erfassen, als Ordnung der

Beziehungen zwischen sozialen Schließungsbeziehungen. Für Murphy zeichnen sich die westlichen, industriekapitalistischen Gesellschaften durch eine primäre Schließungsform aus, die deren gesamte, überaus komplexe Ordnung von ausschließenden und solidaristischen Handlungen maßgeblich strukturiert: Das ist die Institution des Privateigentums. Denn als Marktgesellschaften verweisen sie all diejenigen Nicht-Besitzenden, die von Privateigentum – im Marx'schen Sinne des gesellschaftlichen Produktivvermögens – ausgeschlossen sind, auf soziale Handlungsstrategien, die von eben diesem Ausschluss bestimmt oder bedingt werden, sprich: von ihm abgeleitet sind. Die Struktur sozialer Beziehungen gestaltet sich folglich derart, dass die Besitzer*innen von Produktivvermögen in der privilegierten Position sind, die Marktstrategien der Nicht-Besitzenden unmittelbar bestimmen oder mittelbar bedingen zu können.

Die Folgen dieser primären Schließungsform lassen sich an der gesellschaftlich allseits akzeptierten Bedeutung von Bildung als wohl bedeutsamstem sozialen Platzanweiser studieren. Alle Bürger*innen ohne Eigentum an Produktivkapital (oder ohne ein anderweitig erworbenes oder ererbtes Großvermögen, von dem sie – etwa in Gestalt multiplen Immobilienbesitzes oder eines sehr großen Glücksspielgewinns – auf Dauer leben könnten) sind zwecks Sicherung ihres Lebensunterhalts darauf verwiesen, ihr Arbeitsvermögen auf Arbeitsmärkten bestmöglich einzusetzen, um ein entsprechendes Arbeitseinkommen zu erzielen. ›Bestmöglich‹ bedeutet, dass sie über am Markt nachgefragte Qualifikationen verfügen bzw. nach dem Erwerb ebensolcher Qualifikationen streben müssen (heutzutage spricht man diesbezüglich von privaten Bildungsinvestitionen, die der Schlüssel zum individuellen Markterfolg seien). Welche Qualifikationen aber gesellschaftlich jeweils gefragt sind, welche Investitionen (so sie von den Marktbürger*innen getätigt werden können) sich überhaupt als renditeträchtig erweisen: Darüber entscheiden, um im (durchaus schiefen) Bild zu bleiben, nicht die Investor*innen selbst, sondern letzten Endes die Besitzer des Produktivvermögens. Deren Unternehmen sind es, die Arbeitskräfte einstellen (oder eben nicht). Deren Personalabteilungen sind es, die technologische Entwicklungen in betriebliche Stellenprofile übersetzen. Deren Branchenverbände sind es, die schulische und berufliche Bildungspläne beeinflussen. Wer sich als Arbeitskraftanbieter*in auf Arbeitsmärkten bewegt, dessen Handlungsstrategien sind – direkt oder indirekt – von den Handlungsstrategien der Kapitaleigner*innen abgeleitet, sei es nun im Versuch, den Vorteil einer nachgefragten Qualifikation zu schützen (und also den Qualifikationsraum gegenüber anderen zu schließen) oder aber umgekehrt an erfolgsträchtige und daher sozial begehrte Qualifikationen zu gelangen (und also den Zugang zu besagtem Qualifikationsraum für sich selbst zu öffnen). Murphy bezeichnet eine solche gesellschaftliche Schließungsordnung als »Tandemstruktur«: Wer hier vorne sitzt, der bzw. die vermag zu bestimmen, wohin die Reise geht – und in welchem Tempo. Wer aber hinten sitzt, muss *nolens volens* mitfahren – und sich darin bestimmen lassen, wie und wann er oder sie in die Pedale zu treten hat.

Murphys schließungstheoretischer Beitrag erschöpft sich freilich nicht in dieser wichtigen ungleichheitssoziologischen Einsicht. Seine Bedeutung liegt insbesondere auch darin begründet, dass er den analytischen Blick über den einzelgesellschaftlichen Rahmen hinaus weitet und für die *weltgesellschaftliche Schließungsstruktur* öffnet. Diese aber stellt sich ihm nicht als Tandem-, sondern als duale oder »Doppelstruktur« dar, die durch *zwei primäre*, unabhängig voneinander operierende Schließungsformen charakterisiert ist. Für die hier zu verfolgende Argumentation ist dieser letzte schließungstheoretische Schritt ganz zentral: Im globalen Maßstab einer in Nationalgesellschaften gegliederten Welt tritt neben die primäre Schließungsform des Privateigentums die weitere – eigenständige – primäre Schließungsform der Staatsangehörigkeit.

Im Folgenden soll diese basale soziale Tatsache gebührend gewürdigt werden, zunächst dazu nur so viel: Erst mit der Konzeption der weltgesellschaftlichen Ungleichheitsordnung als Effekt einer Doppelstruktur sozialer Schließung, entlang von *ökonomischen* und *politischen* Kriterien des Ein- und Ausschlusses, werden auch die einzelgesellschaftlichen Schließungsstrukturen in all ihrer Komplexität und Widersprüchlichkeit sichtbar.

Berechtigung als Verteilungsproblem

Damit hätten wir nun das notwendige schließungstheoretische Rüstzeug beisammen, um die Dialektik demokratischer Entwicklung in den fortgeschrittenen industriekapitalistischen Gesellschaften – und mithin die historisch sich verschiebenden *Grenzen der Demokratie* – nachzuvollziehen. ›Demokratie‹, genauer der gesellschaftliche Prozess der Demokratisierung, ist ein beständiger Kampf um Berechtigung, also ein Kampf um die Öffnung und Schließung, Ausweitung und Einschränkung sozialer Berechtigungsräume, der auf diversen Schauplätzen stattfindet und sich entlang vielfältiger Konfliktlinien vollzieht.

Im Folgenden sollen *vier Arenen des modernen demokratischen Konflikts* betrachtet werden, die sich gesellschaftshistorisch um *vier Achsen sozialer Schließung* herum gebildet haben:

1. der Konflikt zwischen den Besitzenden und den Nicht-Besitzenden (*vertikale* Achse),
2. der von diesem strukturierte Konflikt unter den Nicht-Besitzenden selbst (*horizontale* Achse),
3. die wiederum quer zu diesen beiden Achsen liegende Konfliktstruktur zwischen Staatsbürger*innen und Nicht-Staatsbürger*innen (*transversale* Achse) sowie
4. der den genannten Konflikten unterliegende, gleichsam hinter ihnen stehende Konflikt um die gesellschaftlichen Naturverhältnisse (*externale* Achse).

Auf all diesen Achsen, in all diesen Arenen finden permanent und wiederkehrend Kämpfe – genau gesagt: *Klassenkämpfe* – um die Verteilung von Berechtigungspositionen und Rechtsansprüchen statt, als ein Streben um den Zugang zu sozialen Räumen der Beteiligung an den Möglichkeiten gesellschaftlicher Selbstbestimmung – bzw. um die Verwehrung eben dieses Zugangs.

Die Dialektik der Demokratie liegt genau in diesem komplexen Zusammenhang und dynamischen Zusammenspiel von Öffnung und Schließung. Der Öffnungsbewegung zu ›mehr‹ Demokratie ist immer auch ihre logische Gegenbewegung, als Schließungsbewegung gegenüber den weniger Berechtigten bzw. nicht zu Berechtigenden, eingeschrieben. Wie dies genau vonstatten geht, und was es für die Klassenstruktur moderner, demokratischer Gesellschaften bedeutet, wird in den nachfolgenden Abschnitten darzulegen sein.

3 Oben gegen Unten

Es liegt auf der Hand: Die Grenzen der Demokratie werden zuallererst von ›oben‹ gezogen. Die ›oberen Zehntausend‹ haben ihre guten Gründe, um die Ausweitung der Demokratie abzulehnen. Denn bei der Vorstellung einer Öffnung von Berechtigungsräumen für jedermann, für die sprichwörtlichen ›Hinz und Kunz‹, ist ihnen nachvollziehbarer Weise nicht wohl. Und so tun sie einiges – notfalls alles – dafür, das Fußvolk von den Möglichkeiten persönlicher Selbstbestimmung, politischer Mitsprache und sozialer Teilhabe fernzuhalten.

Im Sinne des dynamischen Zusammenspiels von demokratischen Öffnungs- und Schließungsprozessen ist hier eine *Praxis der Reaktion* am Werke: Wenn die ›immer schon‹, gleichsam gewohnheitsrechtlich, Bessergestellten um ihre Herrschaftsposition bangen müssen, weil plötzlich auch die breiten Massen zu ihrem Recht kommen wollen oder sollen, starten sie die Gegenbewegung. Dann wird den nach gleichen Rechten strebenden Vielen entgegengetreten, wird gegen fortschreitende Demokratisierung gewettert, werden sich öffnende Berechtigungsräume rasch wieder geschlossen. Auf dieser *vertikalen Achse* des modernen demokratischen Konflikts stehen sich Eliten und Volk, Besitzende und Nicht-Besitzende, Kapital und Arbeit gegenüber (für die beiden Seiten dieses Gegensatzes sind historisch ganz unterschiedliche Begrifflichkeiten geprägt worden). Stets aber ist die Logik des gesellschaftlichen Konflikts dieselbe: ›Die da oben‹ wehren sich dagegen, dass ›die da unten‹ meinen, sich auf eine Stufe mit ihnen stellen zu können.

Im Grunde genommen geht es in diesem Konflikt um die Frage der ›Volksherrschaft‹: Sollen tatsächlich die Volksmassen herrschen? Und lässt man die Herrschaft des Volkes, wenn sie denn erst einmal – in Form von Verfassungstexten – auf dem Papier steht, auch von einer formalen Bestimmung zu einer materialen Gegebenheit werden? Aus Sicht der Herrschenden stellt sich diese Frage im Grunde seit den Zeiten der Französischen Revolution auf allen Stufen der demokratischen Entwicklung immer wieder aufs Neue: Sollen basale bürgerliche Freiheits- und politische Beteiligungsrechte, soziale Teilhabe- und industrielle Mitbestimmungsrechte wirklich ›jedermann‹ zukommen? Und am Ende sogar jeder Frau? Die Antwort des erlesenen Kreises der Auserwählten war zunächst in aller Regel – vorsichtig formuliert – zurückhaltend. Entsprechenden Anspruchsbekundungen begegnete man stets mit einer »Rhetorik der Reaktion«[16].

Illustrative Beispiele hierfür sind Legion – und jedenfalls den Betroffenen wohlbekannt, bis heute. Dass die oft ehrfürchtig gewürdigte antike Demokratie eine halbierte war, ist mittlerweile immerhin kein Geheimnis mehr, sondern Schulwissen. So beteiligungsfreundlich sie zweifellos den Bürgern der Polis gegenüber war, so radikal schloss sie große Teile der Bevölkerung von den Bürgerrechten aus: Frauen, Sklaven und Metöken (d. h. dauerhaft vor Ort lebenden Fremden) blieb der Bürgerstatus schlichtweg verwehrt. Zugleich war es aber deren von den Bürgern verachtete körperliche Arbeit, die diesen erst jenes sinnvolle, tugendhafte Leben erlaubte, von dem nicht nur Aristoteles schwärmte. Der demokratische ›Geist von Athen‹ ist mithin zugleich der *Geist der Klassengesellschaft* – und als solcher weht er auch durch die Moderne: Auch sie kennt die Unterscheidung zwischen Bürgern und Nicht-Bürgern, Bürger*innen erster und zweiter Klasse. Und dies in unterschiedlichsten Varianten.

So wurden die bürgerlichen Rechte par excellence, die Selbstbestimmungsrechte über die eigene Person, im Verlauf der Geschichte der Moderne nur langsam und Schritt für Schritt verallgemeinert: Ob nun Meinungs- oder Religions-, Versammlungs- oder Vereinigungsfreiheit, die Freiheit zum Vertragsabschluss oder der Berufswahl: Sie alle waren lange Zeit nur bestimmten Bevölkerungsgruppen vorbehalten, wurden zu allen demokratiehistorischen Zeiten immer wieder eingeschränkt. Marshall verweist in seiner Geschichte des Staatsbürgerstatus etwa auf das englische Armengesetz von 1834, das ein Recht auf staatliche Fürsorge gerade »nicht als integralen Bestandteil der Rechte eines Bürgers, sondern als Alternative zu ihnen« verstand: Wer als Mittelloser im Armen- bzw. Arbeitshaus interniert wurde, verlor zugleich seine persönlichen Freiheitsrechte und lebte damit jenseits der Grenze, »die die Gemeinschaft der Bürger von der ausgestoßenen Gruppe der Verarmten trennte«[17]. Wer nun eine solche Ausbürgerung der Armen für vormoderne – und irgendwie auch vordemokratische – Vergangenheit hält, liegt durchaus falsch. Auch die bundesdeutsche Fürsorgepolitik der Nachkriegszeit stand noch in der Arbeitshaustradition, und selbst das Bundessozialhilfegesetz von 1961, das rückblickend als eine zentrale Säule des demokratischen Sozialstaats gilt, sah für »arbeitsscheue« und »sittlich gefährdete« Fürsorgebedürftige das Instrument der Einweisung in geschlossene Arbeitsanstalten vor.

Ähnlich massive Einschränkungen des Kreises der Berechtigten galten auch für die anderen Elemente des Staatsbürgerstatus, und auch in deren Fall ist die demokratische Zwei-Klassen-Gesellschaft – wenn überhaupt – noch nicht seit langem überwunden. Bei den politischen Rechten ist dies besonders augenfällig: Gegen das demokratische Urprinzip des ›one man, one vote‹ gab es viele Jahrzehnte lang hinhaltenden Widerstand der politisch Herrschenden, der erst im Verlauf des 20. Jahrhunderts effektiv gebrochen werden konnte. Selbst auf Seiten des ›starken Geschlechts‹ war man diesbezüglich nicht derart männerbündisch gestimmt, als dass man den Bürgern aller Klassen das politische Herrenrecht zugestanden hätte. Bis zum Ersten Weltkrieg war das Zensuswahlrecht, das die Möglichkeit zur politischen Mitbestimmung an Grundbesitz, Vermögen oder Steuerzahlungen knüpfte, in Europa keineswegs unüblich. In Preußen nahm dieses Prinzip dann die institutionelle Form des Dreiklassenwahlrechts an, mit dessen großzügiger Gewährung König Friedrich Wilhelm IV. auf die Revolution von 1848 reagierte. Hier wurden die – männlichen – Wahlberechtigten je nach ihrem Beitrag zum direkten Steueraufkommen des preußischen Staates in drei Abteilungen aufgeteilt, denen – unabhängig von ihrer sehr ungleichen Besetzung – jeweils das anteilig gleiche Recht zur Bestimmung jener Wahlmänner zukam, die wiederum die Abgeordneten ihres Wahlbezirks wählen durften. Während auf diese Weise alle Besitzlosen ohnehin vom Wahlrecht ausgeschlossen waren, hatten die Stimmen der Großbesitzer systembedingt ein vielfach höheres Gewicht als die der kleinen Steuerzahler.

In Frankreich, das als die Geburtsstätte der modernen Idee des allgemeinen und gleichen Wahlrechts gelten kann, gab es ein solches Klassenwahlrecht nicht – dafür war die Wahlberechtigung dort bis zum Ende des Zweiten Weltkriegs ›allgemein und gleich‹ allein für Männer, das Frauenwahlrecht wurde erst im Jahr 1944 eingeführt. Die Schweiz konnte sich 1971 zu einer solchen Feminisierung des politischen Berechtigungsraums durchringen. Und man schrieb das Jahr 1984, als mit Liechtenstein schließlich das letzte gallische Dorf europäischer Manneskraft die geschlechterpolitische Halbierung der Demokratie aufgab (und 1990 dann auch der Schweizer Kanton Appenzell).

Herrscht damit im Raum politischer Berechtigung fortgeschrittener Demokratien endlich Gleichheit? Einerseits kann und muss man diese Frage heute bejahen: Formal sind vor der Wahlurne alle gleich. Empirische Analysen weisen freilich darauf hin, dass faktisch auch noch zu Beginn des 21. Jahrhunderts – oder aber nunmehr wieder verstärkt – eine klassenpolitische Spaltung der Wahlbevölkerung zu beobachten ist. Jedenfalls lassen sich eindeutige Zusammenhänge zwischen der Wahlbeteiligung und dem ökonomischen Status feststellen: Je weiter oben ein Haushalt in der gesellschaftlichen Einkommenshierarchie rangiert, desto größer die Wahrscheinlichkeit, dass seine Mitglieder ihr Wahlrecht auch tatsächlich wahrnehmen – und umgekehrt. In der Bundesrepublik Deutschland gibt es mittlerweile eine klar konturierte Drei-Klassen-Wahl:[18] Der langfristige Rückgang der Wahlbeteiligung geht fast vollständig aufs Konto von Nichtwähler*innen im unteren Drittel der Einkommensverteilung. Dort speist sich das vermeintliche politische Desinteresse der Leute aus der

Wahrnehmung, dass ihre Meinung bei ›denen da oben‹ ohnehin nicht gefragt sei, während Bessergestellte wie selbstverständlich davon ausgehen, dass sie zumindest bei Wahlen ein Wörtchen mitzureden haben.

Die Grenzen der Demokratie zeigen sich aber nicht allein in Gestalt einer solchen sozialen Logik der Nichtwahl[19] und der daraus resultierenden politischen Vorherrschaft des Bildungsbürgertums. Auch ganz formale Ausschlüsse von der Wahlberechtigung gehören keineswegs der Vergangenheit an: In der Bundesrepublik Deutschland haben Nicht-Deutsche – abgesehen von EU-Staatsangehörigen auf kommunaler Ebene – kein politisches Wahlrecht. Bei rund elf Millionen Menschen nicht-deutscher Staatsbürgerschaft, die Ende 2018 hier lebten, ist der förmliche Ausschluss von der Wahlbeteiligung keineswegs als marginal zu bezeichnen, sondern betrifft eine starke, zwangsläufig schweigende Minderheit. Bei den sogenannten »ehrlichen Wahlergebnissen«, die mittlerweile immer häufiger nach Wahltagen veröffentlicht werden und die Stimmenanteile der Parteien unter Einbezug der Nicht-Wähler*innen berechnen, bleibt freilich die ausländische Nicht-Wahlbevölkerung unberücksichtigt – so ehrlich soll es dann wohl auch wieder nicht sein. Es ist aber davon auszugehen, dass bei Landtagswahlen etwa zum Abgeordnetenhaus von Berlin oder gar bei Kommunalwahlen in Städten mit hohem Ausländeranteil wie Frankfurt am Main, München oder Stuttgart mindestens ein Viertel der Wohnbevölkerung formal vom Wahlrecht ausgeschlossen bleibt. Und erst 2019 hat der Bundestag den bis dahin bestehenden Wahlrechtsausschluss vollbetreuter behinderter Menschen aufgehoben, von dem zuletzt etwa 80 000 Personen betroffen waren.

Die immer schon bestehende Furcht der gehobenen vor der politischen Herrschaft der niederen Stände, die Angst der Eliten vor dem Mitspracherecht der plebejischen Volksmassen, hat sich somit bis auf den heutigen Tage als ebenso folgenreich wie unbegründet erwiesen. Die besitzenden Klassen konnten denn auch ihre Kräfte faktisch ganz auf die Abwehr von als übermäßig erachteten Forderungen der Nicht-Besitzenden nach sozialen Berechtigungen konzentrieren. Die Geschichte der Entwicklung zum demokratischen Sozialstaat ist in diesem Sinne die Geschichte zugleich des Kampfes der Lohnarbeitenden um Sozialeigentum – vom Recht auf Bildungsbeteiligung bis zu dem auf Rentenanwartschaften – wie auch des Abwehrkampfes der Privateigentümer gegen die Entgrenzung des ›sozialen Anspruchsdenkens‹. Jeder einzelne Schritt, ob kleiner oder größer, der langfristigen sozialstaatlichen Ausdehnungsbewegung begegnete dem hinhaltenden Widerstand der Kapitalseite, war von den mahnenden Worten von Arbeitgeberorganisationen und Wirtschaftsverbänden begleitet, dass die jeweils letzte Sozialrechtserweiterung nun aber endgültig das Fass der einzelbetrieblichen Belastbarkeit und gesamtwirtschaftlichen Schädigung zum Überlaufen bringen werde. Bis heute lautet das ewige Mantra offizieller wie selbsternannter Wirtschaftsweiser, dass die fetten Jahre vorbei und die Gürtel enger zu schnallen seien – womit natürlich niemals die Verteilungsansprüche des Kapitals, sondern immer die der Arbeit gemeint sind.

Entsprechend händeringend wehrten sich die Kapitaleigner auch gegen die Einführung industrieller Bürgerrechte im Sinne von effektiven betrieblichen Mitbestimmungsmöglichkeiten seitens der Beschäftigten. Im deutschen Fall brauchte es die absolute Ausnahmekonstellation eines verlorenen Angriffskriegs, der Besetzung des Landes durch die Alliierten, ihres Argwohns gegenüber einem möglichen Wiederaufstieg des hiesigen militärisch-industriellen Komplexes sowie der vorübergehenden Diskreditierung des Marktliberalismus, um wenigstens im strategischen Kernsektor der Bergbau-, Eisen- und Stahlindustrie einigermaßen weitreichende Gewährleistungen gewerkschaftlicher Kontroll- und Mitspracherechte zu erreichen. Das »Montanmitbestimmungsgesetz« von 1951 war dann aber auch schon das höchste der wirtschaftsdemokratischen Gefühle in der Bundesrepublik. Im Sinne einer gleichen Teilhabe an der Gestaltung der eigenen Arbeitsverhältnisse macht Demokratie immer noch vor den Werkstoren, Bürotürmen und virtuellen Arbeitswelten Halt.

In den unterschiedlichsten Räumen gesellschaftlicher Berechtigung finden sich somit analoge Strukturen und Mechanismen der Schließung: Die Wenigen, die den Besitz von lebenschancenrelevanten Gütern und Positionen für sich monopolisieren, versuchen den Zugang der Vielen zu eben diesen Gütern und Positionen zu verhindern – und reagieren auf entsprechende Teilhabeambitionen mit mehr oder weniger aggressiven Abwehrstrategien. Berechtigung wird hier zum knappen Gut – und findet für die wenigen ›oben‹ Stehenden ihren sozialen Sinn nicht zuletzt darin, dass sie nur ihnen vorbehalten bleibt. In ihrer Vision von ›Demokratie‹ sind die Menschen »frei, Geschichte zu machen, aber einige sind freier als andere«[20].

Wo dieses selektive Recht auf Freiheit angekratzt wird und partielle Demokratisierungen nicht zu verhindern sind, wo die formale Gewährung von Berechtigungen und deren materielle Nutzung durch breite Bevölkerungsschichten sich nicht zurückdrehen lassen, da bleibt den privilegierten Klassen immer noch die kompensatorische Praxis von naserümpfendem Standesdünkel und lässig-herablassendem Übertrumpfen. Wenn plötzlich jede*r studieren darf, auch die Minderbemittelten, und die Universitäten nicht mehr Orte exklusiver Klassenreproduktion sind, dann werden die Kinder der Bestimmenden und Betuchten eben auf private Hochschulen oder amerikanische Eliteanstalten geschickt. Wenn der Konsum demokratisiert wird und dem ›Massengeschmack‹ anheimfällt, wenn selbst Lieschen Müller sich den Italienurlaub erlauben oder gar den Transatlantikflug leisten kann, dann agitieren die vormaligen »happy few« gegen aus allen Nähten platzende Städtereiseziele und skandalisieren wortreich die grottenhässlich zubetonierten Mittelmeerküsten. Und dann entdeckt der wahre Jetset neue Formen des Luxusreisens oder lässt sich Häuser, Resorts und Städte bauen, in denen er unter sich und seinesgleichen bleiben kann.

Das Beispiel des Massentourismus ist deswegen von prototypischer Bedeutung für den Zusammenhang von Klassenherrschaft und Demokratie, weil sich in ihm ein fundamentaler Akt der Berechtigung der Vielen spiegelt: das Recht der Arbeitenden auf Urlaub. Und mehr noch: das Recht der Lohnabhängigen auf *bezahlten* Urlaub, auf vom Arbeitgeber bezahlte *Freizeit*, auf eine Auszeit von der Arbeit mit dem Anspruch auf *arbeitsloses Einkommen*. Der demokratische Gehalt dieser sozialpolitischen Innovation kann kaum überschätzt werden: »Der bezahlte Urlaub ist über seine Eigenschaft als ›soziale Errungenschaft‹ hinaus eine Kulturrevolution, denn er bedeutet einen Wandel des

Lebens und der Lebensinhalte, und sei es nur für einige Tage im Jahr.«[21] Für einige Tage sehen sich die arbeitenden mit den besitzenden Klassen gleichsam auf eine Stufe gestellt. Für zunächst einige Tage im Jahr, später dann auch einige Tage mehr, fühlen sich die Arbeiter*innen als Bürger*innen anerkannt, können sie über ihre Zeit frei verfügen, wie dies in bürgerlich gehobenen Milieus immer schon an der Tagesordnung war: »Ein paar Tage im Jahr *überschneiden sich* die Lebensumstände der Bürger mit denen der Arbeiter.«[22]

Die Durchsetzung eines verbindlichen Urlaubsanspruchs – in der Bundesrepublik 1963 gesetzlich fixiert – ist ein demokratischer Akt, mit dem auch den ›einfachen Leuten‹ Bürgerstatus zugesprochen wird. Insofern muss die lange Zeit ablehnende, ja geradezu feindselige Haltung nicht nur der Unternehmer, sondern insgesamt der Bourgeoisie, des wohlsituierten Besitzbürgertums, in der Urlaubsfrage nicht verwundern, sprach aus ihr doch »die ewige Verachtung der besitzenden Klassen gegenüber dem untätigen Arbeiter«[23]. Für den Arbeiter sollte es keine mögliche andere Daseinsweise als die Arbeit[24] geben – die Daseinsweise der Freizeit sollte den ›eigentlichen‹ Bürger*innen vorbehalten bleiben. Der Widerwille der Besitzenden gegen die Demokratisierung der Freizeit stand für ihren Widerstand gegen die Ausweitung der Freiheit. In ihm manifestieren sich ganz lebensweltlich und alltagspraktisch die Grenzen der Demokratie, als Grenzziehungen im Modus des *Oben gegen Unten*.

4 Hinz gegen Kunz

Bei genauerem Hinsehen ist die Sache mit den Grenzen der Demokratie allerdings nicht ganz so einfach, wie es bis hierher scheinen könnte: Sie gehen nur auf den ersten Blick in der sozialen Tatsache auf, dass die Herrschenden die gesellschaftlichen Teilhabemöglichkeiten und Gestaltungschancen der Beherrschten zu beschneiden trachten. Wer die Grenzen der Demokratie nachzeichnen möchte, muss vielmehr die Begrenzungen eines Denkens allein in Kategorien vertikaler Ungleichheiten – also im Modus des ›Oben gegen Unten‹ – überwinden. Dann nämlich wird eine zweite, *horizontale Achse* des modernen demokratischen Konflikts sichtbar, die für die Frage der Öffnung und Schließung gesellschaftlicher Berechtigungsräume nicht weniger bedeutsam ist.

Wollte man sich bei einer kritischen Analyse der real existierenden Demokratie allein auf den Gegensatz von herrschenden und beherrschten, besitzenden und besitzlosen Klassen beziehen, so geriete man zwangsläufig in die Nöte eines klassisch marxistischen Gesellschaftsbildes, das sich seit jeher äußerst schwer damit tut, »die *Grenze* zwischen den beiden Blöcken«[25] zu ziehen. Wer sind denn die Herrschenden? Wer gehört den Besitzklassen an – und wer nicht? Sind dies nur die Produktionsmittelbesitzenden, allein die guten (bzw. bösen) alten ›Kapitalisten‹? Was ist dann aber mit den Managern und leitenden Angestellten, mit Aktionär*innen und Mitgliedern von Pensionsfonds? Sind es die Reichen – oder nur die Superreichen? Das sprichwörtliche ›1 %‹ der Bevölkerung, von dem sich das Occupy-bewegte Wir der ›99 %‹ klar abgrenzen zu können meinte? Oder doch eher das oberste Zehntel der Sozialstruktur, das über die höchsten Einkommen verfügt und das Gros der Vermögenswerte sein Eigen nennt? Und überhaupt: Ist das gesellschaftliche ›Oben‹ allein ökonomisch zu bestimmen?

Wohl kaum. Eine auf Kapitalbesitz, Eigentums- und Vermögenshierarchien reduzierte Perspektive kann nicht den objektiv feststellbaren Differenzen in ihrer Gesamtheit gerecht werden – und übersieht jene Grenzen der Demokratie, die *von den Beherrschten und Besitzlosen selbst* gezogen werden. Gemeint ist damit eine Logik der Unterscheidung, eine *Praxis der Distinktion*, mit der unterschiedlichste soziale Gruppen alltäglich und immer wieder neu versuchen, ihre klassenpolitisch begrenzten Berechtigungsräume gegen andere soziale Gruppen und deren Beteiligungsansprüche abzuschließen. Oder anders ausgedrückt: Wir haben es hier mit einer *Logik der Konkurrenzgesellschaft* zu tun, die quer liegt zur Logik der Klassengesellschaft, die in diese einbricht, sie gleichsam durchkreuzt. Die Interaktion beider Logiken lässt die Berechtigungsstrukturen und Beteiligungsverhältnisse in modernen Demokratien äußerst komplex und ziemlich uneindeutig werden. Denn zum Antagonismus von ›Oben und Unten‹ gesellen sich eben noch zahlreiche weitere Antagonismen hinzu – zwischen Etablierten und Außenseitern, Insidern und Outsidern, Arrivierten und Prätendent*innen. Oder anders gesagt: zwischen Hinz und Kunz.

Die flapsig anmutende Formel wird hier nicht der Effekthascherei halber bemüht, sondern weil sie auf die Welt der ›einfachen Leute‹ verweist – und auf die »feinen Unterschiede«[26] zwischen ihnen. Im Hochmittelalter waren

Heinrich (Kurzform: Hinz) und Konrad (Kurzform: Kunz) die Namen zahlreicher Herrscher in deutschen Landen, nach denen viele Herrschaftsunterworfene ihre Kinder benannten. Hinz und Kunz: Das waren schlicht der Pöbel, das gemeine Volk, die ansonsten unbeschriebenen Blätter der feudalen Ständegesellschaft. Wer nun aber meint, in der modernen Klassengesellschaft würden die Volksklassen der Hinze und Kunze beiderlei Geschlechts und jedweder Herkunft die gleichermaßen entrechteten bzw. minder berechtigten Volksmassen stellen, die untereinander in ihrem gemeinsamen Interesse an (mehr) Berechtigung vereint seien, greift zu kurz. Vielmehr ringen sie beständig mit- bzw. gegeneinander, sei es nun um Zugang zu den bislang den Herrschenden vorbehaltenen Berechtigungsräumen oder aber um die Verteilung der nicht schon von diesen vereinnahmten Ressourcen.

In diesen *Berechtigungskämpfen unter Ausgeschlossenen* kommt es zu neuen, nachfolgenden bzw. sekundären Ausschlüssen. Der französische Soziologe Robert Castel hat in seiner großen Geschichte des modernen Kapitalismus nachgezeichnet, wie mit der gesellschaftlichen Verbreitung von Arbeitsmärkten und der damit einhergehenden Verallgemeinerung des Lohnabhängigenstatus zugleich eine *Dynamik sozialer Differenzierung* einsetzt:

> Wenn alle Welt oder zumindest beinahe jeder lohnabhängig ist [...], dann definiert sich soziale Identität anhand der innerhalb der Lohnabhängigkeit eingenommenen Stellung. Jeder vergleicht sich mit jedem, unterscheidet sich aber auch von jedem. Die gesellschaftliche Stufenleiter umfaßt eine wachsende Anzahl von Spros-

sen, an denen die Lohnabhängigen ihre Identität durch Betonung der Differenz zur nächst niedrigeren Stufe festmachen.[27]

Doch beschränkt sich die neue Unübersichtlichkeit nicht auf eine Ausdifferenzierung der Sozialstruktur in der Vertikalen, die sich daraus ergibt, »dass die Aufstrebenden dieselben Rechte wollen wie die, die schon oben sind«[28] – und eben diese Rechte aber wiederum anderen, unter ihnen Stehenden, vorenthalten wollen. Die Sache ist noch viel komplizierter: Auf jeder Sprosse der gesellschaftlichen Stufenleiter kommen noch weitere soziale Unterschiede und Unterscheidungen ins Spiel, die jenseits ökonomischer Statusungleichheiten liegen und an Differenzen der Zugehörigkeit zu Geschlechterkategorien, ethnischen Gemeinschaften oder Altersgruppen anschließen.

Mit Pierre Bourdieu kann man diese horizontalen Schließungspraktiken als soziale *Distinktionskämpfe* bezeichnen. In Distinktionskämpfen geht es darum, »Grenzen zu setzen zwischen den Gruppen«[29]. Es geht darum, den gesellschaftlichen Berechtigungsraum mit Grenzen zu durchziehen – und zwar nicht nur zwischen ›oben und unten‹, sondern gewissermaßen auch nach ›rechts und links‹, zu jenen Gruppen hin, die nur der ökonomischen Klassenzugehörigkeit nach auf ein und derselben Stufe stehen wie man selbst. »Distinktion im Sinne von Unterscheidung ist die in der Struktur des sozialen Raums angelegte Differenz«[30], und diese ist in modernen, demokratisch-kapitalistischen Gesellschaften eben weitaus vielfältiger als es marxistische Klassentheorien wahrhaben wollen (bzw. lange Zeit wahrnehmen wollten).

Was nun doch übermäßig abstrakt und theoretisch klingen mag, lässt sich an dem die westlichen Industriekapitalismen der zweiten Hälfte des 20. Jahrhunderts charakterisierenden *sozialen Grenzregime* illustrieren. Häufig wird besagte Zeit als ›goldenes Zeitalter‹ bezeichnet, und in den Sozialwissenschaften spricht man gerne vom »Fordismus«, der sich mit seinem politisch-ökonomischen Modell von Massenproduktion, Massenkonsum und Massendemokratie seit den 1930er Jahren in den USA und nach dem Zweiten Weltkrieg dann auch in Westeuropa durchgesetzt habe. Doch war durchaus nicht alles Gold, was damals gesellschaftlich glänzte und in öffentlichen Debatten häufig auch heute noch in hellsten Farben dargestellt wird: Die im Dunkeln der fordistischen Erfolgsgeschichte sieht man erst, wenn der Fokus der Analyse verschoben wird. Nicht umsonst entstand die Theorie sozialer Schließung, die eine ebensolche Verschiebung vornimmt, selbst »aus der Erfahrung eines gut funktionierenden Fordismus mit seinen Politiken der internen Ausdifferenzierung«[31] – eines Produktions- und Reproduktionsmodells, das bei genauerem Hinsehen »gut funktionierend« vor allem für die weiße, männliche, industrielle Arbeitnehmerschaft war.

Von der späten Frauenwahlberechtigung in den westlichen Gesellschaften ist ja bereits im vorherigen Kapitel die Rede gewesen. Selbst nach 1945 aber, als die politische Bürgerschaft von Frauen zumeist nicht länger umstritten war, blieb die moderne Demokratie in vielerlei Hinsicht noch eine geschlechterpolitisch halbierte. Die Eckdaten der langlebigen, im Prinzip bis heute lebendigen »industriegesellschaftlichen Ständehierarchie«[32] sind bekannt: Das stabile, vollzeitige, arbeits- und sozialrechtlich geschützte Normalarbeitsverhältnis war eine Domäne von Männern, die dank des von ihnen erwirtschafteten Familienlohns als Ernährer-Ehemänner fungieren konnten, und deren Ehefrauen jene unbezahlte und ungeschützte Haus-, Sorge-, Liebes- und Erziehungsarbeit leisteten, welche die männliche Lebensführung überhaupt erst möglich machte. Seit Ende der 1960er Jahre, als der gewerkschaftliche Kampf um die 5-Tage- und 40-Stunden-Woche Früchte trug, gehörte Vati dann getreu der DGB-Parole von 1954 samstags seinen Kindern – und am Nachmittag seinem Auto, das vor der Garage öffentlichkeitswirksam gewaschen und gewachst sein wollte. Mutti bereitete derweil den Sonntagsbraten zu, um dann den Rest der Woche über ihren sonstigen häuslichen Pflichten nachzukommen und, bei angemessenem Alter des Nachwuchses, womöglich auch für einige Stunden dem Arbeitsmarkt zur Verfügung zu stehen. Wofür sie in Westdeutschland allerdings formal noch bis zur Familienrechtsreform von 1977 die Erlaubnis des Haushaltsvorstands brauchte.

Zwar kann kein Zweifel daran bestehen, dass dieses spezifische Geschlechterarrangement einzelbetrieblich und über einen längeren Zeitraum hinweg auch volkswirtschaftlich funktional war und daher von Unternehmerseite nach Kräften befördert wurde. Und doch steckt hinter seiner gesellschaftlichen Etablierung und Stabilisierung mehr als bloß die Durchsetzung von Kapitalstrategien. Vielmehr griffen hier Kapitalinteressen und die Interessen des ›produktiven Kerns‹ der Industriebelegschaften ineinander, verschränkte sich die Kapitalherrschaft mit Momenten und Motiven männlicher Herrschaft – was sich in gewerkschaftlichen Tarif- und Organisationspolitiken ebenso spiegelte wie in den mikropolitischen Machtverhältnissen haushaltlicher Arbeitsteilung. Nur aufgrund der näherungsweisen Passung und wechselseitigen Stützung von industriellen Produktionsstrukturen einerseits, individuellen Arbeits- und Familienorientierungen andererseits konnte sich das historische Gesellschaftsmodell namens Fordismus halten – als ein politisch-ökonomisches und soziokulturelles Arrangement, das faktisch zur Schließung von Berechtigungsräumen und Lebensgestaltungschancen für Frauen führte.

Und nicht nur für sie. Denn die Struktur ungleicher Erwerbs- und Partizipationschancen, Sicherungs- und Sichtbarkeitspositionen, die das fordistische Geschlechterregime für Männer und Frauen bereithielt, lässt sich in ganz ähnlicher Weise im sogenannten »Gastarbeiterregime« der westeuropäischen Nachkriegsgesellschaften erkennen. Auch bei der gezielten Anwerbung und Nicht-Integration von Arbeitskräften aus dem Mittelmeerraum reicht es analytisch nicht hin, auf das – zweifelsohne ökonomisch ausschlaggebende – Kapitalinteresse an einer günstigen Lohnarbeitsreserve bzw. auf das staatspolitische Interesse an einem Rotationsprinzip zu verweisen, mit dem eine dauerhafte Zuwanderung vermieden werden sollte. Die Schließungskonstellation in den nordwesteuropäischen Zentrumsgesellschaften gegenüber Arbeitsmigrant*innen aus der südeuropäischen Peripherie geht weit über das Phänomen vertikaler Grenzziehungen hinaus, auch wenn die gängige soziologische Lesart einer »Unterschichtung« der Sozialstruktur in den Anwerbeländern durch eine niedrigqualifizierte und bildungsferne migrantische Population anderes nahelegt. Zu dieser ökonomischen Schließung nach ›unten‹ gesellte sich nämlich eine Vielzahl horizontaler sozialer Schließungsprozesse – in Betrieben und Gewerkschaften, im Vereinswesen und in Wohnquartieren. Und auch die mittlerweile vielzitierte und rückblickend vielkritisierte Weigerung namentlich der Bundesrepublik Deutschland, ihrem Sozialcharakter als Einwanderungsgesellschaft Rechnung zu tragen, war ja nicht nur eine fixe Idee weltfremder Politiker*innen, sondern entsprach durchaus dem Selbst- und Fremdverständnis breiter Bevölkerungsschichten. Es waren Hinz und Kunz – oder vielleicht darf man hier kalauern: Hinz und Künç –, die miteinander bzw. aneinander vorbei um die Grenzziehungen sozialer Berechtigungsräume rangen.

Schließlich ist mindestens noch eine dritte Achse horizontaler Schließungen zu erwähnen, die ebenfalls die Klassenlogik demokratischer Grenzziehungen durchkreuzt. Die Rede ist hier vom Altersregime der modernen Industriegesellschaft – ein Feld, in dem die soziale Berechtigungskonkurrenz bzw. der Kampf um relative Begünstigungen und Benachteiligungen nicht minder offensichtlich ist. Der Boden für dessen aktuelle Gestalt wurde ebenfalls im fordistischen Zeitalter bereitet, als sich im Zuge der Ausweitung öffentlicher Alterssicherungssysteme in praktisch allen fortgeschrittenen Wohlfahrtsstaaten zugleich der Trend zum frühen Ruhestand durchzusetzen begann. Und auch hier gilt: Die sozialpolitische Praxis des ›goldenen Handschlags‹ für (in der Regel erneut: männliche) Arbeitnehmer in ihrem sechsten Lebensjahrzehnt war nicht nur Ausdruck arbeitgeberseitiger Personalstrategien und Produktivitätspolitiken, sondern zugleich auch eine gewerkschaftlich mitgetragene arbeitsmarktpolitische Schließungspraxis, bei der durch die ›Aussteuerung‹ der Älteren Platz für die jüngeren Kohorten geschaffen werden sollte. Wenn heute der vermeintlichen wohlfahrtsstaatlichen ›Siegergeneration‹ der angeblich durchweg gut versorgten Altersrentner*innen vorgeworfen wird, dass ihre Sicherungsansprüche zulasten der Rentenanwartschaften der mittlerweile zu einem deutlich verlängerten Arbeitsleben verdonnerten Jüngeren gingen, dann wird nicht nur von der Tatsache abgesehen, dass Frühverrentungen immer auch den (nicht immer freiwilligen) Ausschluss von Teilhabe am Erwerbssystem bedeuteten. Vor allen Dingen zeugt dieser – reale oder inszenierte – ›Generationenkonflikt‹ eben von den horizontalen Distinktionen und Grenzziehungen, die nicht zwischen Arbeit und Kapital, sondern *innerhalb* der Klasse der Lohn- und Rentenabhängigen vorgenommen werden.

Wohlgemerkt: All diese horizontalen Schließungen von Berechtigungsräumen finden auf dem Boden vertikaler Schließungen statt – im Rahmen also von bestehenden Schließungen der Herrschenden gegenüber den Beherrschten, der Privat- gegenüber den Sozialeigentümer*innen. Es sind die gegebenen Herrschafts- und Eigentumsverhältnisse, die die Beherrschten und Besitzlosen in Konkurrenz zueinander setzen. Und auch innerhalb von Geschlechter-, Migrant*innen- und Altersgruppen herrschen zweifelsohne hierarchische Ordnungen: Es gibt die Personalmanagerin eines Großunternehmens und die Kassiererin an der Supermarktkasse, den italienischen Restaurantbesitzer und den rumänischen Lohnsklaven in der Fleischindustrie, den bildungsbürgerlichen Aktivseniorenhaushalt und die notgedrungen flaschensammelnden Alten. Doch das komplexe Regime sozialer Grenzziehungen wird erst dann sichtbar, wenn analytisch ernst genommen wird, dass die moderne Klassengesellschaft vom *Geist der Konkurrenz* durchdrungen ist, dass sich hier vertikale Klassengrenzen systematisch mit horizontalen Grenzziehungen entlang der Kategorien Geschlecht, Ethnizität und Alter kreuzen. Das Ergebnis sind ungemein vielschichtige und uneindeutige soziale Konstellationen von sich überlagernden, überschneidenden, durchdringenden Dynamiken des Aus- und Einschlusses: »Die Regel sind unklare Verhältnisse.«[33]

Für die in diesem Abschnitt im Mittelpunkt stehende horizontale Achse des modernen demokratischen Konflikts folgt daraus, die *soziale Bedeutung des Positionswettbewerbs* anzuerkennen, denn »läßt man erst einmal die soziologischen Schwerkräfte wirken, dann verteidigt jede Gesellschaftsgruppe ihr Eigeninteresse«[34]. Der US-amerikanische Soziologe Immanuel Wallerstein hat in einer kurzen, aber eindrucksvollen historischen Abhandlung rekonstruiert, wie soziale Gruppen, denen nach langem Kampf endlich Einlass zum erlauchten Kreis der berechtigten Bürger*innen gewährt wurde, sich praktisch im selben Akt ihres Erfolges dagegen wehrten, den damit erweiterten Berechtigungsraum noch weiter – über ihre eigene Gruppe hinaus – auszudehnen. Männer, die Frauen, Einheimische, die Zugewanderte, Junge, die Alte draußen halten wollen – und gegebenenfalls umgekehrt: All das gehört zum Gang der demokratischen Dinge. Der Bürgerstatus erscheint als knappes Gut, der eigene Zugang zur Berechtigung als ein Glücksfall, vergleichbar dem Ergattern eines Platzes auf dem Rettungsboot des Lebens. Nur logisch, dass die Bürger*innen der Konkurrenzgesellschaft, kaum dass sie sich selbst in Sicherheit gebracht zu haben meinen, den nur allzu bekannten Wahlspruch der Privilegierten anstimmen: »Das Boot ist voll!«

5 Innen gegen Außen

»Das Boot ist voll«: Das ist die Parole der Privilegierten, die immer dann zu hören ist, wenn es deren um Teilhabe ringenden Mitbürger*innen gar zu bunt treiben mit ihren Ansprüchen auf Gleichberechtigung. Vor allen Dingen ist es aber der kollektive, von allen Seiten ertönende gesellschaftliche Schlachtruf, um ein ebensolches Berechtigungsbegehren von *nicht* als Mitbürger*innen anerkannten Personen und Personengruppen abzuwehren, ja: dieses möglichst schon im Keim zu ersticken. Wenn im wahrsten Sinne des Wortes ›Dahergelaufene‹ – von einem territorialen Außen in die heiligen Hallen der jeweiligen Staatsgesellschaft Einwandernde – sich anschicken, Teil des örtlichen demokratischen Gemeinwesens werden zu wollen, dann werden die Grenzen der Demokratie ganz schnell und überdeutlich sichtbar. Dann nämlich wird diesen Möchtegernen demokratischer Teilhabe klargemacht, dass sie im vermeintlich ›für alle‹ offenen Haus der Demokratie unerwünscht sind. Und diese unmissverständliche Botschaft wird den ungebetenen Gästen nicht nur von ›oben‹ oder ›unten‹ vermittelt, sondern im bemerkenswerten sozialen Einklang eines in Öffnungsfragen nur bedingt Spaß verstehenden ›Wir‹ der nationalen Berechtigungsgemeinschaft.

Damit kommt neben der vertikalen und horizontalen eine dritte, eine *transversale* Achse des modernen demokratischen Konflikts ins Spiel, die quer zu innergesellschaftlichen Klassenstrukturen *und* Konkurrenzkonstellationen verläuft. Denn die durch und durch gespaltene, in multiple Berechtigungskämpfe verstrickte Klassen- und Konkurrenzgesellschaft ist *als Nationalgesellschaft vereint* in der

Abwehr von Dritten, Vierten und Weiteren, die am nationalen Klassenkampf und Statuswettbewerb gar nicht erst teilnehmen können sollen, damit sie die bei allem Widerstreit irgendwie doch wohlgeordneten gesellschaftlichen Verhältnisse nicht durcheinanderbringen. Es ist dies eine zusätzliche, das demokratische Grenzregime theoretisch vereindeutigende, praktisch aber weiter verkomplizierende Spaltungs- und Spannungslinie, eine Linie zwischen Staatsbürger*innen und Nicht-Staatsbürger*innen, Einheimischen und Fremdlingen, Zivilisierten und Parias. Hier wird die Grenze gezogen zu denen, die überhaupt keiner Kaste angehören, die gar nicht dazugehören, vom gesellschaftlichen Geschehen gänzlich ausgeschlossen bleiben sollen.

So fragwürdig der soziologische Begriff der ›Exklusion‹ sein mag, wenn er auf innergesellschaftliche Ausgrenzungsphänomene – der Erwerbslosen vom Arbeitsmarkt, der Hausfrauen von der Altersrente, der Arbeiterkinder von universitärer Bildung – bezogen wird, so triftig und treffend ist er hier: Die Bürger*innen demokratischer Staatswesen sind vereint in einer *Praxis der Exklusion* gegenüber all jenen, die als diesem Staatswesen nicht Angehörige auch nicht am Raum staatsbürgerlicher Berechtigung teilhaben sollen. Dies mag man, lebenslang geschult an der sozialen Realität einer politischen Ausdifferenzierung der Weltgesellschaft in Nationalstaaten, als Bürger*in z. B. der ›deutschen Gesellschaft‹, für eine banale Feststellung halten, für selbstverständlich und geradezu alternativlos: Warum und vor allem wie sollte es anders sein?

Und doch ist genau dieses Faktum für jede Analyse der modernen Demokratie, ihrer Begrenzungen und möglichen

Grenzerweiterungen, von ganz fundamentaler Bedeutung. Denn spätestens an dieser Stelle bleibt die Rede von den ›Grenzen‹ der Demokratie nicht mehr bloß metaphorisch: Hier geht es vielmehr – ganz material und physisch – darum, dem eigenen, als nationalem verstandenen Berechtigungsraum Grenzen zu setzen, geht es darum, das Innere gegen das Äußere schützende Grenzen zu ziehen und diese möglichst dicht zu machen, mit Schlagbäumen und Polizeikontrollen, Küstenwachtpatrouillen und Nachtsichtgeräten (im diesbezüglich laufenden Überbietungswettbewerb der westlichen Demokratien dürfte Viktor Orbán mit seiner Ankündigung aus dem Sommer 2016, Ungarns Grenze zu Serbien »luftdicht« verschlossen zu haben, immer noch vorne liegen). Es geht um eine ›wehrhafte Demokratie‹, die wahrhaft *grenzüberschreitenden* Teilhabeansprüchen vom Innenraum demokratischer Berechtigung her einen Riegel vorschiebt.[35]

Die Praxis nationalstaatlicher Exklusion muss daher als besondere Form der sozialen Schließung gelten: Als tatsächliche und besonders effektive, weil letztlich militärisch bewehrte *Abschließung* des Berechtigungsraums, als physischer Ausschluss von der Chance, sich am gesellschaftlichen Wettbewerb um Besitzstände und Statuspositionen überhaupt beteiligen zu können. Die staatsbürgerrechtlich Ausgeschlossenen *haben* nicht nur keine Adresse auf dem jeweiligen Staatsterritorium – oder allenfalls eine vorübergehende, was jede*r deutsche Tourist*in realisiert, sobald er oder sie etwa bei der kurzzeitigen Einreise in die USA nach einer eben solchen gefragt wird (und in der Regel dann das für ein paar Tage und teures Geld Obdach gebende Hotel angibt). Vor allen Dingen *sind* die Nicht-Staatsbürger*innen definitiv – und definitionsgemäß – keine Adresse für das jeweilige demokratische Staatswesen, keine Adressat*innen staatsbürgerlicher Berechtigung: Können sie keine vorübergehende Anschrift, keinen triftigen Aufenthaltsgrund, kein hinreichendes Barvermögen (das aber andererseits auch nicht allzu groß sein darf) nachweisen, dann heißt es für sie schon an der Staatsgrenze unbarmherzig – alle kennen die schmissige Melodie – *return to sender, address unknown.*

Die blumig ausgeschmückte Geschichte verweist, nüchtern betrachtet, auf einen ebenso schlichten wie folgenschweren Sachverhalt: Der Staatsbürgerstatus ist im selben Maße eine Instanz der Einbeziehung in demokratische Berechtigungsräume wie er als ein Instrument der Ausgrenzung von eben diesen Räumen dient. ›Citizenship‹, in Marshalls klassischer Theorie zwar nicht einseitig, sehr wohl aber vorrangig als Kategorie gesellschaftlicher Inklusion verhandelt, ist analytisch recht besehen zuallererst eine Kategorie sozialer Exklusion, ist ein basales Medium des Ausschlusses von Personen aus dem national bestimmten Geltungsbereich gesellschaftlicher Leistungs- und Funktionssysteme. Und nicht nur logisch, sondern auch historisch lässt sich sagen, dass die Exklusion aller nicht als Teil der nationalen Berechtigungsgemeinschaft anerkannten Menschen sowohl *Voraussetzung* wie *Folgewirkung* der ›einmaligen‹ Inklusionsgeschichte westlicher, später auch nichtwestlicher Demokratien war.

Was sich als soziales Strukturproblem real existierender Demokratien ausnimmt, ist soziologisch gesehen Ausdruck der Verfasstheit der modernen Gesellschaft *als Weltgesellschaft*: Ökonomisch auf Öffnung gepolt, ist sie politisch durch Schließung charakterisiert – eine überaus folgenreiche Differenz. Denn während für den Verkehr von und Handel mit Gütern, Dienstleistungen und Finanzprodukten strukturell Offenheit besteht bzw. ein systemischer – kapitallogischer – Druck beständig in diese Richtung wirkt, beruht die Form politischer Vergemeinschaftung im Gegenteil auf Geschlossenheit, was durch die Logik nationalstaatlichen Handelns immer wieder neu bestätigt und aktualisiert wird.

Letzteres führt dazu, dass der grenzüberschreitende Verkehr von und ›Handel mit‹ Personen in aller Regel viel stärkeren Restriktionen unterliegt als dies für andere Produktionsfaktoren der Fall ist: Der modernen Tendenz zur Globalisierung von Kapital- und Gütermärkten steht die – nicht minder moderne – Schwerkraft nationalisierter Arbeitsmärkte gegenüber. Dabei ist es keineswegs so, dass es auf Seiten des Kapitals nicht das strukturelle und durchaus globale Interesse an (in EU-Semantik ausgedrückt) »Arbeitnehmerfreizügigkeit« gäbe. Doch dieses ökonomische Akkumulationsinteresse an Öffnung wird in demokratischen Gemeinwesen konterkariert und gebrochen durch das politische Legitimationsinteresse an Schließung: Die ohnehin durch Konkurrenzsorgen getriebenen Lohnabhängigen lassen es demokratischen politischen Akteuren geboten erscheinen, dem arbeitgeberseitigen Öffnungsdrängen eher in Form arbeitsmarktpolitischer Deregulierung als auf dem Wege migrationspolitischer Liberalisierung Rechnung zu tragen.

Im Ergebnis dieser innergesellschaftlichen Konfliktkonstellation hat sich letztlich in allen demokratisch-kapitalistischen Gesellschaften ein höchst selektives Zuwanderungsregime herausgebildet, in dem die Anwerbung hochqualifizierter Arbeitskräfte rechtlich möglich und sozial akzeptiert ist, jede sonstige Arbeitsmigration hingegen ausgeschlossen wird oder aber Ausnahmecharakter hat. Diese regulatorische Spaltung und damit auch der *doppelte Standard* der Öffnung bzw. Schließung gesellschaftlicher Zugangs- und Teilhabechancen gipfelt in den zuletzt stetig erweiterten Möglichkeiten für die globale Oberklasse, die Staatsbürgerschaft ›attraktiver‹ politischer Gemeinwesen käuflich zu erwerben – wohingegen der Radikalität des Ausschlusses Asylsuchender oder Geflüchteter selbst von basalsten demokratischen Rechten offensichtlich keine Grenzen, offenbar nicht einmal solche der politischen Fantasie, gesetzt sind (in der Bundesrepublik muss das 2019 verabschiedete »Geordnete-Rückkehr-Gesetz« in diesem Feld nicht nur als einstweiliger demokratiepolitischer Tiefpunkt, sondern auch als neuer Höhepunkt Orwell'schen Neusprechs gelten).

Mit den Grenzen der Demokratie verhält es sich also nochmals komplizierter, als sich dies zum Ende des vorigen Kapitels ohnehin schon darstellte: Neben der Prägung der modernen Demokratie durch klassen- und konkurrenzgesellschaftliche Konflikte muss man jene Konfliktlagen in Rechnung stellen, die ihrer Konstitution als Nationalgesellschaft geschuldet sind. Es gilt daher, über die in soziologischen Analysen seit jeher veranschlagten Ungleichheitskategorie *class* und die in den vergangenen Jahrzehnten verstärkt thematisierten Ungleichheitsstrukturen von *gender*, *race* und *age* hinaus eine weitere Ungleichheitsdimension gleichrangig in den Blick zu nehmen. Gemeint ist die Kategorie *place*, einstweilen noch die große Unbekannte der herkömmlich-überkommenen Sozialstrukturforschung.

Auf dem damit eingeschlagenen Weg der Suche nach dem *›Ort‹ der Demokratie* sind, wie bereits erwähnt, die schließungstheoretischen Beiträge Raymond Murphys von großer Hilfe. Mit ihnen lässt sich eine Klassenspaltung jenseits der von Kapital und Arbeit feststellen – ein sozialer Gegensatz innerhalb der Lohnabhängigenklasse, der über deren interne Statuskonkurrenzen und Distinktionskämpfe hinausgeht: Es ist der Klassengegensatz, der »die Arbeiterklasse der fortgeschrittenen kapitalistischen Länder von jener in den armen Ländern der Dritten Welt trennt«[36].

Murphy führt diese Spaltungslinie auf den exklusiven Charakter des Staatsbürgerstatus zurück, den er zum zweiten Standbein – neben dem Privateigentum – der modernen, globalen Ungleichheitsordnung erklärt. Die Besitzlosen in den nationalen Staatsgesellschaften des globalen Nordens – der Welt der »rich democracies« – sind von jenen Herrschaftspositionen ausgeschlossen, die allein den Besitzenden vorbehalten sind. Die Besitzlosen des anderen Teils der Welt – des globalen Südens – aber sind *zusätzlich* von den Teilhabepositionen ausgeschlossen, die sich ihren formellen ›Klassenkameraden‹ durch die Zugehörigkeit zum staatsbürgerlichen Berechtigungsraum ihrer Heimatländer eröffnen. »Staatsbürgergesetze wirken als kollektivistische Exklusionskriterien, die entsprechend der geografischen Lage ihres Geburtsortes Menschen in zwei Lager teil[en]: Die, die Rechte haben, und jene, die von diesen Rechten ausgeschlossen bleiben.«[37]

Aus dieser Perspektive bekommt die lockere Rede von der ›Lotterie des Lebens‹, von seinen Zu- und Wechselfällen, von der sozialen Macht des Schicksals einen gänzlich neuen, tatsächlich existenziellen Sinn: Denn weltgesellschaftlich betrachtet, hängt die Ungleichheit der Lebenschancen in erster Instanz daran, ob man in der globalen »Geburtsrechtslotterie«[38] das große Los zieht und in den Berechtigungsraum einer reichen Staatsgesellschaft hineingeboren wird – oder aber eine Niete, weil man das Licht der Welt in einem Land erblickt, das seinen Staatsbürger*innen berechtigungspolitisch nicht viel zu bieten hat. *Right or wrong – your country:* Goldmarie wird hierzulande geboren oder an irgendeinem anderen Ort in Europa, Pechmarie in der Elfenbeinküste, in Guatemala oder Bangladesch. Und das war's dann auch weitestgehend. Der entsprechende Lebenschancenbonus bzw. -malus lässt sich mit dem US-amerikanischen Ökonomen Branko Milanović recht genau beziffern: 80 Prozent der global existierenden Ungleichheit – gemessen an ungleichen Haushaltseinkommen – gehen heute auf das Konto von zwischengesellschaftlich ungleichen Lebensbedingungen, nur die restlichen 20 Prozent ergeben sich aus innergesellschaftlichen Einkommensungleichheiten: »most of global income differences today depend on location«.[39] Eben dies sei auch der Grund, warum sich die Gesellschaften Europas und Nordamerikas zu Festungen gegen den globalen Migrationsdruck entwickelt hätten – und damit irgendwie auch zu Bollwerken der Demokratie, dies freilich nur für ihre eigenen Staatsbürger*innen.

In Anbetracht derartiger Relationen erscheint es durchaus nicht abwegig, von *weltgesellschaftlichen Klassenverhältnissen* zu reden, bei denen ›die da unten‹ und ›die da oben‹ nationsweise gegeneinander antreten: Die Staatsbürger*innen der armen gegen die der reichen Nationen, die Gesamtbevölkerungen Mozambiks, Tansanias, Malis oder Ugandas als »citizenship underclass«[40] etwa gegen die Gesamtgesellschaft Dänemarks, die als Ganze – vom Kopf bis zum Fuß ihrer Einkommensverteilung – zur Weltoberklasse zählt.[41]

Gleichwohl könnte man auch hier die Exklusionsbegrifflichkeit auf ihre soziologische Tragfähigkeit hin befragen. Zwar ist richtig, dass die Bürger*innen zahlreicher Staatsgesellschaften der Welt gerade aufgrund ihrer Staatsbürgerschaft von jenen Teilhabemöglichkeiten ausgeschlossen sind, die den Staatsbürger*innen anderer Nationen wiederum selbstverständlich erscheinen. Und dennoch sind sie ja, als minder berechtigte oder selbst als weitestgehend entrechtete Staatsbürger*innen zweiter und dritter Klasse, untrennbar Teil jenes globalen Systems der Staatsbürgerschaften, das anderen – den Staatsbürger*innen reicher Länder – exklusive demokratische Teilhaberechte gewährleistet.

Diese Überlegung nun ist keine typisch soziologische Haarspalterei, sondern sie bringt die Kategorie der ›Subalternität‹ ins Spiel, die ihrerseits dazu beitragen kann, die Arena des demokratischen Konflikts zwischen ›Innen‹ und ›Außen‹ genauer zu vermessen. Die Subalternen sind – im Sinne der italienischen Wortherkunft – die Untergebenen, die Untergeordneten, die Untertan*innen. Vom begrifflichen Assoziationsraum passt dieses ›Unten‹ zum Konzept des ›globalen Südens‹, das keine territoriale, sondern vielmehr eine relationale Verortung der von den mächtigen Nationen des industriekapitalistischen ›Nordens‹ abhängigen Weltregionen vornimmt. Zugleich hat das Wort

›subaltern‹ aber auch offen negative, geringschätzige Konnotationen – von nicht nur unterworfenen, sondern darin auch unterwürfigen, nicht nur untergebenen, sondern zugleich untertänigen, von devoten, dienstfertigen, servilen Menschen.

In eben dieser Doppeldeutigkeit aber liegt die Stärke des Begriffs. Denn wie die indisch-amerikanische Literaturwissenschaftlerin Gayatri Spivak[42] eindrucksvoll gezeigt hat, verweist dessen Doppelsinn gerade darauf, dass die Subalternen der Weltgesellschaft nicht nur materiell abgehängt sind, sondern zudem noch symbolisch abgewertet werden: Die politisch-ökonomische Herrschaft des ›Nordens‹ geht mit einem herrschaftlich-hegemonialen Diskurs über den ›Süden‹ einher, in dem Unterwerfung und Erniedrigung miteinander verschmelzen – und die Subalternen ungehört, unverstanden, ja sprachlos bleiben.

Apropos Sprachlosigkeit, und ohne dies an dieser Stelle wirklich ausführen zu können: Wer von den Grenzen der Demokratie spricht, kann vom rassistischen, neokolonialen Blick der global Herrschenden auf die Subalternen nicht schweigen. Demokratie war immer ein Ausschlussgeschäft – innerhalb der westlichen Staatsbürgergesellschaften selbst, zumal aber gegenüber den von ihnen kolonial beherrschten oder anderweitig in Abhängigkeit gebrachten, ihnen in der kapitalistischen Weltordnung untergeordneten Gesellschaften. »Citizens All? Citizens Some!«[43]: Nach ›innen‹ galt – und gilt in abgeschwächter Form – diese exklusive Kurzformel demokratischer Gesinnung in aller Herren Länder. In allen Herrenländern aber richtete sie sich insbesondere nach ›außen‹ – und tut dies heute vielleicht mehr denn je.

6 Alle gegen Eine

Die moderne Demokratie ist ein großes Schließungsspiel, ein komplexes und variables Spiel mit gesellschaftlichen Ein- und Ausschlüssen. Die Möglichkeiten, die eigenen Lebensbedingungen mitzugestalten oder gar über die Lebensbedingungen anderer verfügen zu können, sind gesellschaftlich ungleich verteilt: Die einen monopolisieren soziale Herrschaftspositionen, die anderen suchen sich als Beherrschte bestmöglich gegenüber Ihresgleichen zu positionieren, Dritten wiederum wird der Zugang zum Raum der Positionskonkurrenz gänzlich versperrt. Dass das Ganze einigermaßen gut funktioniert und sich demokratiehistorisch alles in allem als erstaunlich stabil erwiesen hat, dürfte maßgeblich auf zwei Gründen beruhen.

Ein Grund liegt in der Konstellation multipler sozialer Schließungen selbst: In einem Arrangement gestufter Berechtigungen und selektiver Zugänge haben offenbar hinlänglich viele Bürger*innen den Eindruck, *relativ* gut gestellt zu sein, es im Vergleich zu anderen also doch recht gut getroffen zu haben. Aus der Perspektive gesellschaftlicher Herrschaftspositionen greift hier das klassische Prinzip des *divide et impera*: Teile die Beherrschten in miteinander um Lebenschancen konkurrierende Gruppen, auf dass sie sich im alltäglichen Kampf um die sozial wertgeschätzten Güter aufreiben. Wollte man hinter den Eigenarten der demokratisch-kapitalistischen Gesellschaftsform einen irgendwie gearteten Plan am Werke wähnen, dann wäre er in diesem Sinne ziemlich gut aufgegangen: Auf allen möglichen Marktplätzen des gesellschaftlichen Lebens, allen voran auf Arbeits- und Konsummärkten, sind die jeweiligen

Marktakteure in ein beständiges, nicht enden wollendes Ringen um möglichst weitreichende Teilhabemöglichkeiten verstrickt – in den Kampf um gute Jobs und ein sicheres Einkommen, um einen Hauch von Statuskonsum und ein Stück eigenes Leben. Zur herrschaftlichen Logik des Teilens bzw. Unterteilens von Beteiligungsräumen gehört dann auch die Abschließung derselben gegen unerwünschte Zusatzkonkurrenz von außen. In gewisser Weise ist dies das Teilungsinstrument des ›kleinen Mannes‹: Die Möglichkeiten relativer Besserstellung vervielfachen sich in dem Maße, wie die Möglichkeiten der Beteiligung an den Kämpfen um relative Besserstellung reduziert werden.

Eine strukturähnliche Konstellation des mehr oder weniger stillen und unfreiwilligen Einvernehmens zwischen Herrschenden und Beherrschten dahingehend, gesellschaftliche Teilhabechancen zu begrenzen, liegt dem zweiten Stabilitätsfaktor der modernen Demokratie zugrunde. Mit Fug und Recht lässt sich behaupten, dass damit sogar die schlechthin existenzielle Voraussetzung der alles andere als ungeteilten sozialen Teilhabe in demokratisch-kapitalistischen Gesellschaften angesprochen ist, nämlich die Tatsache, dass sich hier ›Alle gegen Eine‹ zusammenschließen. Das Schließen der gesellschaftlichen Reihen richtet sich nämlich nicht nur gegen die soziale Welt außerhalb des nationalen Berechtigungsraums. Es richtet sich ebenso – impliziter vielleicht, aber deswegen nicht mit weniger Macht – gegen die natürliche ›Umwelt‹ einer sozialen Welt, deren Existenz und Lebensfähigkeit von stofflichen Voraussetzungen abhängt, die sie selber nicht gewährleisten kann, sondern von denen sie ganz im Gegenteil material und praktisch zehrt.

Die übliche Rede von der ›Einen Welt‹, in der ›wir alle‹ leben, bekommt hier einen ganz anderen Sinn: Wir alle leben *von* der einen Welt – und ihren Grenzen. Das *gesamte* Berechtigungsarrangement nationaler Demokratien, mit all seinen sozialen Schließungen nach innen wie nach außen, lebt davon, sich beständig und in ständig wachsendem Maße Natur einverleiben und die Rückstände ihres Verbrauchs entsorgen zu können. Die moderne, auf den Früchten kapitalistischer Wertschöpfung aufgebaute und die Konkurrenz um die Teilhabe an ihnen organisierende Demokratie lebt, man muss es so drastisch sagen, in ihrem relativen und begrenzten sozialen Frieden von einem ebenso unerklärten wie unbegrenzten Krieg gegen die Natur. Oder genauer, und soziologisch korrekter: Sie hat sich gesellschaftliche Naturverhältnisse eingerichtet, die funktional absolut unverzichtbar, ökologisch jedoch vollkommen unhaltbar sind – und sich in diesen Verhältnissen eingerichtet.

Genau hierin liegt der wohl basale Widerspruch, die fundamentale Grenze der Demokratie, wie wir sie kennen: Dass sie nicht nur von Praktiken der herrschaftlichen Reaktion, der sozialen Distinktion und der nationalen Exklusion lebt, sondern zudem, und all diese Praktiken überschattend, ja in den Schatten stellend, von einer gesamtgesellschaftlichen *Praxis der Destruktion*. Die moderne Demokratie lebt von der Zerstörung, von der mittlerweile gar nicht einmal mehr schleichenden Vernichtung der stofflichen Grundlagen gesellschaftlichen Lebens.

Dies (so) zu sehen, fällt den modernen, demokratisch-kapitalistischen Gesellschaften schwer, denn sie zehren in ihrer Funktionsweise nicht nur von der Ausbeutung und

›Vernutzung‹ ihrer materiellen Lebensgrundlagen. In ihrer nur scheinbar stabilen Existenz zehren sie zugleich auch davon, genau diesen Funktionszusammenhang *nicht* zu sehen, ihn schlicht zu ignorieren oder gar aktiv unsichtbar zu machen. Ihn in den Fokus zu rücken, bedeutet daher eine folgenreiche Umstellung des politisch-soziologischen Blicks auf demokratische Lebensverhältnisse. Dabei handelt es sich um eine analytische Perspektivenerweiterung, die tatsächlich auf den Kern der Reproduktionsweise moderner Demokratien zielt – und eben deswegen auch heftigste Abwehrreaktionen hervorruft, ja hervorrufen muss.

Der französische Philosoph Étienne Balibar war vermutlich der Erste, der den demokratischen Wohlfahrtsstaat westlicher Gesellschaften analytisch treffend als »nationalsozialen Staat« bezeichnet hat, weil dieser »seit mehr als einem Jahrhundert eine Korrelation zwischen dem Staatsbürgertum (*citoyenneté*) oder der Staatsangehörigkeit (*nationalité*) und den individuellen oder kollektiven *sozialen* Rechten hergestellt hat«[44]. Schon dieser Verweis auf das National-Soziale der liberalen Demokratien des Westens wird dort nur ungern gehört und stößt auf teils vehementen Widerspruch, weckt bisweilen sogar ehrliche Empörung: Denn dass die liberale Demokratie in ihren Grenzziehungen nach außen auf Illiberalität setzt und funktionslogisch sogar setzen muss, dass sie »das Recht tendenziell zum Privileg macht und die Freiheit zum Status«[45], läuft ihrer angestammten Selbstbeschreibung offenkundig zuwider und erschüttert ganz grundlegend ihren normativen Überlegenheitsanspruch. Umso weniger möchte man sich dann auch noch nachsagen lassen, dass das exklusive national-soziale Berechtigungsgeschehen auf systematischem

Raubbau an der Natur basiert, auf einem Raubbau, der seine Wurzeln in der europäischen Gewaltgeschichte kolonialistischer Weltaneignung hat, der im Zeichen der industriekapitalistischen Entwicklung in den europäischen ›Zentren‹ ökonomisch rationalisiert, betriebsförmig organisiert und gesellschaftlich normalisiert wurde – und der erst in jüngster Vergangenheit zu einem Gegenstand verbreiteter öffentlicher Reflexion und Selbstkritik geworden ist.

Das Schließungsgeschehen in modernen Demokratien ist jedenfalls nicht zu verstehen, ohne die von ihnen etablierten gesellschaftlichen Naturverhältnisse in Rechnung zu stellen, die materiellen, stofflichen, biophysischen und energetischen Grundlagen des demokratischen Berechtigungsregimes und seiner Konfliktdynamiken. Den bislang eingeführten drei Achsen sozialer Schließung, also der bereits verhandelten vertikalen, horizontalen und transversalen Achse, ist mithin eine vierte, *externale Achse* der Begrenzung von Berechtigungsräumen hinzuzufügen. Es handelt sich hier um die Achse der sozialen Schließung demokratischer Gesellschaften als Ganzer gegenüber ihrer ›natürlichen Umwelt‹. Unabhängig davon, ob sich deren Bürger*innen nun als Immer-schon-, Soeben-erst-, Noch-nicht- oder Nie-und-nimmer-Berechtigte sehen: Sie allesamt verstehen sich als mit der gemeinsamen Lizenz zur uneingeschränkten Inanspruchnahme ›natürlicher‹ Ressourcen ausgestattet, der ökologischen Lizenz zum Töten. Denn das gesellschaftliche Naturverhältnis moderner, industriell-kapitalistischer Demokratien ist wesentlich dadurch gekennzeichnet, dass ›die Natur‹ als rechtsfreier Raum gilt. Ältere wie jüngere Diskurse ihrer gesellschaftlich gebotenen Wertschätzung – als göttliche Schöpfung, lebensspendende Gaia oder schlicht als stoffliche Basis der modernen Zivilisation – hin oder her: Die wechselseitige Zuerkennung *gleicher Rechte auf Naturentrechtung* bildet die implizite Geschäftsgrundlage der modernen Demokratie und ihres sozialen Grenzregimes.

Ich habe dieses demokratisch-kapitalistische Doppelarrangement von Berechtigung und Entrechtung anderweitig als Struktur-Praxis-Formation der ›Externalisierung‹ beschrieben.[46] Externalisierung als Vergesellschaftungsprinzip folgt der doppelsinnigen Logik »des abspaltenden Einbeziehens und des enteignenden Aneignens«[47]: Natur wird als das Andere der Gesellschaft, als etwas dieser Äußerliches konstruiert, das niemandem gehört, das man sich daher einfach nehmen, sich nach Belieben aneignen darf. Solchermaßen enteignet, kann Natur (also auch: Tier) nach Gutdünken verarbeitet und verwertet werden – und sie muss dies auch, denn die Produktionsweise kapitalistischer Gesellschaften steht und fällt mit der beständigen, nie endenden Einspeisung stofflich-materieller Ressourcen in einen Prozess ökonomischer ›Wertschöpfung‹, der so gesehen immer auch ein Prozess ökologischer Wertzerstörung ist. Oder anders ausgedrückt: Externalisierung antwortet auf die Frage ›Was kostet die Welt?‹ mit einem schlichten ›Nichts!‹. Moderne Weltaneignung kostet nichts, oder aber fast nichts: Die wirtschaftliche Wertschöpfungsbasis der demokratischen Berechtigungsgesellschaft speist sich aus billiger Natur, aus der ›unbezahlten Arbeit‹ von Äckern und Wäldern, Ölquellen und Eisenerzlagerstätten, Meeren und Fischgründen – und der in der Regel schlecht bezahlten Arbeit jener, die diese ›Rohstoffe‹ als unmittelbare Produzent*innen ›in Wert setzen‹:

> Daraus folgt, Billige Natur als ein System von Dominanz, Aneignung und Ausbeutung zu verstehen, das auf der Diversität von menschlichen und nicht-menschlichen Aktivitäten beruht, die für die kapitalistische Entwicklung notwendig sind, aber im Rahmen der Geldökonomie nicht unmittelbar valorisiert (›bezahlt‹) werden.[48]

Der Strukturdynamik *abwertender Aneignung und Ausbeutung* auf der einen Seite korrespondiert aber noch eine zweite, nämlich die der *abschließenden Auslagerung und Ausblendung*: Während die ökologischen und sozialen Kosten des demokratisch-kapitalistischen Wertschöpfungs-/Berechtigungs-Komplexes im konstruierten Außen der Natur und weit entfernter Weltregionen abgeladen werden, suchen sich die reichen Demokratien des globalen Nordens – wie bereits dargelegt – gegen etwaige Rückkopplungseffekte ökologisch-sozialer Zerstörungen ›da draußen‹ abzuschirmen. Und schließlich setzen sie alles daran, den hier skizzierten Gesamtzusammenhang, die externale Achse sozialer Schließung, nachhaltig auszublenden, sie möglichst rückstandsfrei aus dem gesellschaftlichen Wahrnehmungshorizont zu entfernen.

Abwertende Aneignung und Ausbeutung, abschließende Auslagerung und Ausblendung: Gäbe es Ratingagenturen des globalen Externalisierungsgeschehens, dann würden moderne Demokratien im Sinne dieser sechsfachen A-Bewertung als ganz besondere Umweltschuldner gelten – als absolut zuverlässig in der Produktion von Umweltschulden, die sie niemals werden zurückzahlen können. Jene real existierende Demokratie, die wir für gewöhnlich meinen, wenn von ihrer notwendigen Verteidigung die Rede ist, arbeitet allenthalben mit Trennungen und Abspaltungen, materialen ebenso wie symbolischen. Die hemmungs- und rücksichtslose Nutzung und Verwertung von Natur als vermeintlich äußere ›Umwelt‹ der demokratischen Gesellschaft ist wohl das beste – oder sagen wir eher: treffendste – Beispiel dafür, wie das, »was als abgespalten einbezogen wird [...] nicht wiederhergestellt, nicht erneuert und nicht gepflegt«[49], letztlich also ent- und verwertend zerstört wird.

Neben die den demokratischen Vergesellschaftungszusammenhang durchdringenden Logiken der Herrschaft, der Konkurrenz und der Nation tritt damit eine weitere, nämlich die *Logik der Gewalt*: In seiner oder ihrer Beziehung zur Natur kann sich jede*r mal so richtig gehen lassen, im gesellschaftlichen Naturverhältnis können alle Bürger*innen, Hinz und Kunz und selbst noch der*die eine oder andere der globalen Subalternen eingeschlossen, endlich auch einmal Herren des Geschehens sein. Hier dringen nicht nur Machtgelüste, hier dringen Gefühle von Macht und Praktiken der Ermächtigung in die soziologisch sprichwörtlichen ›Kapillaren‹ des Alltagslebens ein. Die tägliche Plastiktüte, die exotische Frucht zwischendurch, das winterliche Vergnügen unterm Heizpilz, die Flugdienstreise München – Düsseldorf, morgens hin und abends zurück, der Kurzurlaubstrip in die Karibik, alles für den Kick im Augenblick: Heute ein König, morgen wieder in Reih und Glied.

Dass nicht nur Kapitalakkumulation und Naturzerstörung miteinander zusammenhängen, sondern auch Demokratie und Ressourcenverbrauch aneinandergekoppelt sein könnten, ist zugegebenermaßen eine schlechte Nachricht, für die gleichwohl nicht deren Überbringer*innen haftbar gemacht werden sollten. Der britische Historiker und Politikwissenschaftler Timothy Mitchell spricht in diesem Zusammenhang von der modernen »Kohlenstoffdemokratie«[50], die das Gesicht der westlichen Industriegesellschaften insbesondere nach dem Zweiten Weltkrieg geprägt habe. Deren Charakteristika – die nie dagewesenen Wachstumsraten, die Dynamik ihrer Produktion wirtschaftlichen Reichtums, aber eben auch ihre Formen der Politikproduktion und der wohlfahrtsstaatlichen Umverteilung – waren aufs Engste mit ihrem fossilistischen Energieregime und dem Siegeszug des petrochemischen Industrialismus verbunden. Die innergesellschaftliche Ausweitung von Berechtigungsräumen wurde buchstäblich durch fossile Brennstoffe befeuert, und die dadurch geweckten Forderungen nach weitergehender materialer Teilhabe trieben ihrerseits die kapitalistische Verbrennungs(motor)maschinerie an. Mit dem allseits eingesetzten und überall verfügbaren Erdöl als Schmiermittel, am Tropf der Fördertürme und Pipelines hängend, entwickelte demokratische Politik im Westen eine spezifische Orientierung auf die gesellschaftliche Zukunft als einem offenen Horizont unbegrenzten Wachstums. Die oben skizzierten Praktiken der Distinktion, der soziale Wettbewerb um einen Platz an der Sonne des ökonomischen und technologischen Fortschritts, taten ein Übriges, um aus der Demokratie des ausgehenden 20. und beginnenden 21. Jahrhunderts eine Output-Demokratie zu machen, die in ihren Zustimmungswerten von der Befriedigung materieller Interessen ihrer Bürger*innen auf stetig erweitertem Niveau – einschließlich eines stetig erweiterten Niveaus natürlichen Ressourcenverbrauchs – abhängig ist.

In dem Bild einer in den 1950er Jahren einsetzenden »großen Beschleunigung«[51] hat diese maßgeblich von den demokratischen Kapitalismen der westlichen Welt getragene Verbindung von sozio-ökonomischen und ökologisch-planetaren Entwicklungstrends eine anschauliche Darstellungsform gefunden. Die beeindruckende Zusammenschau von zwei Dutzend mehr oder weniger exponentiell ansteigenden Graphen[52] ist mittlerweile nicht mehr nur Expert*innen bekannt: Parallel zur Weltbevölkerung und der Zahl der Metropolenbewohner*innen, zu realem Bruttoinlandsprodukt und ausländischen Direktinvestitionen, Düngereinsatz und Wassernutzung, Transport, Tourismus und Telekommunikation wachsen eben auch Treibhausgaskonzentrationen in der Atmosphäre und die Oberflächentemperatur der Erde, die Versauerung der Ozeane und der Stickstoffgehalt in Küstenzonen, die domestizierte Landfläche, der Verlust tropischer Wälder oder das Artensterben geradewegs ins Unermessliche. Die Logik der Gewalt, die in diesen scheinbar unaufhaltsam ansteigenden Niveaus des Ressourcenverbrauchs insbesondere der reichen Nationen steckt, ist eine Logik der stillen, langsamen, strukturellen Gewalt[53]: Vieles von dem, was auch heute noch jeden Tag aufs Neue in den Volksküchen der demokratisch-kapitalistischen Gesellschaften angerichtet wird, muss in seinen zerstörerischen Konsequenzen anderswo oder später ausgelöffelt werden – und dies, so viel ist gewiss, unter gewaltigen menschlichen Leiden.

Sind die multiplen Grenzziehungen der Demokratie, die sie durchziehenden Achsen sozialer Schließung, also nicht nur ein Problem für die Demokratie – sondern die Demokratie auch *selbst* ein Problem, insofern sie mit ihren *Grenzziehungen* gegenüber einer vermeintlich ›äußeren‹ Natur eine intern offenbar nicht mehr zu stoppende Dynamik der Externalisierung, eine im wahrsten Sinne des Wortes auto-mobile *Entgrenzung* des Verbrauchs natürlicher Ressourcen entfacht? Ist die ökologische Krise das Produkt der modernen demokratischen Kultur – und kann eine demokratisierte Welt ihre eigenen Konsequenzen überleben? Der US-amerikanische Wissenschaftshistoriker Lynn White Jr. hat eben diese Frage bereits vor einem halben Jahrhundert gestellt. Und er hat sie damals mit einer aus heutiger Sicht weniger hellsichtig als durchaus realistisch erscheinenden Skepsis beantwortet: Die Demokratie könne sich selbst nur überleben, wenn sie in der Lage sei, sich gänzlich neu zu erfinden. Im Original lautet der entsprechende Passus:

> Our ecologic crisis is the product of an emerging, entirely novel, democratic culture. The issue is whether a democratized world can survive its own implications. Presumably we cannot unless we rethink our axioms.[54]

Dem ist – außer zwei weiteren Kapiteln dieses Buches – nichts hinzuzufügen.

7 Die Angst vor der Demokratie

Demokratie ist umkämpft. So war es immer schon, so ist es auch heute. Der anhaltende, historisch immer wieder neu entfachte Kampf um Demokratisierung – für und gegen die gleiche Teilhabe an den Möglichkeiten zur Gestaltung der eigenen Lebensverhältnisse, für die Öffnung oder für die Schließung von gesellschaftlichen Berechtigungsräumen – hinterlässt Spuren, Spuren in Gestalt von Klassenstrukturen.

In den vorangegangenen Kapiteln ging es darum, die demokratische Gesellschaftsform als eine der multiplen klassenpolitischen Grenzziehungen auszuweisen, die Achsen und Arenen des modernen demokratischen Konflikts als Schauplätze eines vielschichtigen Ringens um Klassenpositionen auszuleuchten. Eine solche Rekonstruktion der modernen Demokratie und ihrer sozialen Dynamik steht in erkennbarem Widerspruch zur gesellschaftlich gängigen, auch klassisch-soziologischen Erzählung. Thomas Marshall, der bereits mehrfach erwähnte wissenschaftliche Kronzeuge derselben, sah die moderne demokratische Gesellschaftsform auf einer Struktur basaler Gleichheit, nämlich von grundsätzlich gleichen bürgerlichen, politischen und sozialen Rechten, aufruhen, welche gleichsam als Fundament für das darüber sich erhebende Gebäude ökonomischer Klassenungleichheiten diene. Selbst diesen aber wohne in der demokratischen Gesellschaft eine Tendenz zur Moderierung inne, denn die fortschreitende Berechtigung immer größerer Bevölkerungsschichten entfache eine selbstverstärkende Dynamik weitergehender Angleichung:

> Die Bestandteile eines zivilisierten und kultivierten Lebens, früher das Monopol Weniger, wurde zunehmend in die Reichweite der Vielen gebracht, die dadurch ermutigt wurden, ihre Hände nach dem auszustrecken, was sich immer noch ihrem Zugriff entzog.[55]

Im Ergebnis, so schrieb Marshall unmittelbar nach dem Zweiten Weltkrieg, den wirtschaftlichen Nachkriegsboom und die Expansion des demokratischen Wohlfahrtsstaats in Westeuropa vorwegnehmend, gerate gar die »Abschaffung von Klassen« in gesellschaftliche Reichweite: »Man ist nicht mehr länger damit zufrieden, die Höhe des Bodens im Keller des sozialen Gebäudes anzuheben, und dabei den Überbau so zu belassen, wie er ist.«[56] Vielmehr stehe das Gebäude sozialer Klassenungleichheiten als solches zur Disposition, und das Ende von der demokratischen Geschichte könne durchaus darin bestehen, »den Wolkenkratzer in einen Bungalow umgewandelt zu haben«[57].

Ganz so weit ist es dann demokratiehistorisch doch nicht gekommen. Das sozialliberale Narrativ von Fortschritt durch Angleichung und vom tendenziellen Fall des Klassengegensatzes aber bestimmt seither das Selbstverständnis und die Selbstbeschreibung westlicher Demokratien. Dabei hat nicht erst deren spätere »neoliberale« Transformation deutlich werden lassen, dass die wohlfahrtskapitalistischen Bäume sozialer Berechtigung nicht in den Himmel wachsen und dass entsprechende Fortschritte durchaus auch wieder rückgängig gemacht werden können. Vor allem lässt sich kaum bestreiten, dass schon die vermeintlich basale Gleichheit des Bürger*innenstatus, die der sozialliberalen Nachkriegserzählung als grundrechtlich garantiert gilt, in sich *klassenstrukturiert* ist: Die demokratische Gesellschaftsform ist eine Ordnung der formal Gleichen, in der freilich zugleich – und nicht nur in materialer Hinsicht – gilt, dass manche ›gleicher‹ sind als andere.

Demokratie als Klassenfrage

Für die Analyse sozialer Ungleichheiten hat der Klassenbegriff, unabhängig davon, ob nun in seiner Marx'schen oder Weber'schen Prägung, erhebliche Vorteile namentlich gegenüber dem ansonsten gängigen, eher geologische denn soziologische Assoziationen befördernden Konzept sozialer ›Schichten‹. Denn ›Klasse‹ ist erstens ein *relationaler* Begriff: Klassenpositionen lassen sich immer nur in ihrem Verhältnis zu anderen Klassenpositionen bestimmen bzw. sie sind jeweils durch die Beziehung bestimmt, in welcher sie zueinander stehen.

Zweitens spricht aus dem Begriff der ›Klasse‹ ein *materielles* bzw. materialistisches Verständnis eben dieses Verhältnisses: Die Qualität von Klassenbeziehungen ist maßgeblich dadurch charakterisiert, welche materiellen Ressourcen im Spiel sind bzw. auf dem Spiel stehen, welche Position also jeweils in Bezug auf ökonomisch relevante Güter eingenommen wird.

Schließlich verweist der Begriff der ›Klasse‹ drittens auf den Sachverhalt, dass eben diese materiell aufeinander bezogenen Positionen die *Interessenlagen* und Handlungsstrategien der Positionsinhaber*innen prägen: Die Stellung, die Personen oder Personengruppen in einer gesellschaftlichen Klassenstruktur einnehmen, ist ausschlaggebend für die Frage, worüber (d. h. über was oder auch wen) sie verfügen können, um das zu bekommen, was sie haben wollen.[58]

Die in den vorangegangenen Kapiteln nachgezeichneten Achsen der sozialen Schließung von Berechtigungsräumen lassen genau in diesem Sinne die komplexe Klassenstruktur aufscheinen, die sich hinter der glänzenden Fassade wissenschaftlich-politischer Standarddarstellungen der modernen Demokratie verbirgt. Zugegeben: Diese Klassenstruktur wird als solche nur dann sichtbar, wenn man sich für eine Klassenanalyse entscheidet, die den Vorwurf des Eklektizismus bzw. der kreativen Zusammenstellung ihrer Teile aus verschiedenartigen Quellen nicht scheut. Dann nämlich öffnet sich der Blick, ausgehend von dem soeben dargelegten materialistischen Grundverständnis, auf die moderne, kapitalistisch-wohlfahrtsstaatliche Demokratie als eines in sich widersprüchlichen *Systems multipler klassenpolitischer Grenzziehungen.*

Nur kurz, und klassenpolitisch reformuliert, was bisher geschah: Die *vertikale* Achse des demokratischen Klassenkampfs bezeichnet die Grenzziehung zwischen *Produktionsklassen*, sprich: zwischen Kapital und Arbeit als den beiden Seiten des kapitalistischen Produktionsverhältnisses. Dieses erschöpft sich nicht in einem ökonomischen Ausbeutungsverhältnis, bei dem sich die eine Seite der Beziehung die Arbeitsleistung der anderen anzueignen vermag. Es stellt sich zudem als ein betriebliches Herrschaftsverhältnis dar, bei dem wiederum die eine Seite die Entscheidungshoheit und das Direktionsrecht der anderen zu akzeptieren hat. Als eine solche Doppelstruktur bestimmt das kapitalistische Produktionsverhältnis die radikal ungleichen Chancen von Lohnarbeitenden und Kapitalbesitzenden, gestaltend über die eigenen Lebensbedingungen verfügen zu können: Die Aneignung von entsprechender Verfügungsgewalt durch die eine Seite der Beziehung geht unmittelbar mit der Enteignung der anderen einher.

Auf der Grundlage dieses gesellschaftlichen Produktionsverhältnisses markiert die *horizontale* Achse des demokratischen Klassenkampfs die Grenzziehung zwischen *Marktklassen*, also zwischen den mit unterschiedlichen Chancen der Einkommenserzielung und des Erfolges in der sozialen Statuskonkurrenz ausgestatteten Positionen. Wer über keinen Besitz verfügt, den er oder sie »aus der Sphäre der Nutzung als ›Vermögen‹ in die Sphäre der Verwertung als ›Kapital‹ zu überführen«[59] vermag, nimmt eine durch »die Chancen der Marktverwertung von Gütern oder Leistungen«[60] bestimmte Klassenposition ein: Er*sie ist existenziell darauf angewiesen, seine bzw. ihre Marktchance in der Konkurrenz mit anderen Güter- oder Leistungsanbieter*innen zu suchen und zu realisieren. Genau daher kommt der beständige Versuch der Nicht-Besitzenden, diese Marktchancen für sich oder die eigene Gruppe zu monopolisieren, daher das durch die Logik der Marktkonkurrenz herausgeforderte Streben nach sozialer Distinktion, nach Unterscheidung und Abgrenzung von den Mitwettbewerber*innen, daher der strukturelle Impuls der Beherrschten, den überhaupt verbleibenden Raum der Möglichkeiten zur Gestaltung der eigenen Lebensbedingungen zu schließen, auf dass man selbst wenigstens zu den Einäugigen unter den Blinden gehöre.

Sind mit den Grenzziehungen entlang von Produktions- und Marktklassen klassische soziologische Perspektiven –

eben die von Marx und Weber – aufgerufen, so ist die Analyse der Grenzen der Demokratie damit noch keineswegs vollständig. Denn eine dritte, nicht minder bedeutsame Grenzziehung ist jene, bei der auf einer *transversalen* Achse nationale *Staatsbürgerklassen* konstruiert und als solche gegeneinander in Stellung gebracht werden. Mit der im 19. Jahrhundert angelegten, im 20. Jahrhundert sich durchsetzenden »Konstruktion eines zugleich *nationalen* und *sozialen* Staates« wurde in den europäischen Gesellschaften die »›nationale Präferenz‹ ein institutionalisiertes Faktum«[61] – ›Staatsbürger*innen zuerst!‹ lautet seither die politische Parole. In den Zentren der Weltökonomie schloss man den sozialen Berechtigungsraum gegen die Randgebiete bzw. Peripherien in nah und fern ab, zog man rechtlich-politische Grenzen um eine Staatsbevölkerung herum, die das vorrangige und im Zweifel alleinige Zugriffsrecht auf die Möglichkeiten zur Teilhabe an der Gestaltung der eigenen Lebensbedingungen haben sollte.

Mit der vierten, im Grunde aber den anderen dreien vorgelagerten Grenzziehung schließlich erweist sich die moderne Demokratie in gewisser Weise als eine *klassenlose* Gesellschaft: Entlang der *externalen Achse* wird ein gesellschaftliches Naturverhältnis errichtet, in dem der natürlichen Umwelt die Position des dem sozialen Raum äußerlichen, mithin a-sozialen Anderen zugewiesen wird – eines Anderen, das sich nach Herzenslust und ohne Rücksicht auf Verluste kollektiv-individuell beherrschen lässt.[62] Im externalisierenden Naturverhältnis wird der moderne demokratische Konflikt gleichsam aufgehoben, werden die destruktiven Energien des allgegenwärtigen Klassenkampfes in ein vermeintliches Außen abgeleitet:

Das Spiel mit den Grenzziehungen wird hier zu einem Spiel ohne Grenzen.

Führt man sich diese komplexe klassenstrukturelle Konstellation vor Augen, so wird unmittelbar ersichtlich, wie breit die Angst vor der Demokratie gesellschaftlich streut, oder genauer: Wie vielfältig die Ängste vor der Demokratisierung im Sinne einer Berechtigung der Vielen, ja womöglich sogar ›Aller‹, sind. Denn es sind eben nicht nur ›die da oben‹, die etwas gegen die Öffnung von Berechtigungsräumen und eine gesellschaftliche Verallgemeinerung der Lebensgestaltungschancen haben und die auf diesbezügliche Avancen mit Versuchen der Verzögerung oder Verhinderung entsprechender Fortschritte antworten. Auch für die in der Konkurrenz um ihre Marktchancen stehenden Normalsterblichen erscheint die Öffnung von Berechtigungsräumen als Bedrohung ihrer erkämpften und als solcher wertgeschätzten, im Zweifel sogar selbst prekären, Statusposition. Und dies gilt zumal dann, wenn von einer solchen Öffnung auch Nicht-Staatsbürger*innen profitieren würden, die bislang noch gar nicht zum Teilhabewettbewerb zugelassen gewesen waren.

Wenn dann zudem noch die Rede davon ist, dass die Öffnung von Berechtigungsräumen womöglich auch für die Rechte der Natur gelten sollte, von deren systematischer Leugnung und Missachtung bis dato doch das gesamte demokratische Fortschrittsgeschehen abhängig war, dann ist nun wirklich Schluss mit lustig. Dann liegt das stille Unbehagen der vereinten Demokratisierungsgeschädigten in der Luft, so sie nicht schon ihrem Unmut lautstark Luft machen. Und dann kommt es bisweilen zu seltsam anmutenden gesellschaftlichen Koalitionsbildungen, dann ziehen Ochs und Esel an einem Strang, um die Demokratisierung in ihrem Lauf vielleicht doch noch aufzuhalten – oder am besten das Rad der Geschichte wieder zurückzudrehen.

Die Krise des demokratischen Gesellschaftsvertrags

In solch seltsamen Zeiten, so meine Diagnose, befinden wir uns gegenwärtig. Denn die westliche Nachkriegsdemokratie beruhte auf einem Gesellschaftsvertrag, der in seinen verschiedenen Facetten brüchig geworden ist. Und damit lassen sich die zuvor genannten, in der Breite einstweilen noch diffus bleibenden Ängste erklären. Der Begriff des ›Gesellschaftsvertrags‹ mag an dieser Stelle zunächst – und zu Recht – irritieren, geht es doch dabei nicht wirklich um Geschriebenes und Besiegeltes, um das nächtliche Ringen von Verhandlungsdelegationen und ihren kaum mehr für möglich gehaltenen Durchbruch im Morgengrauen, den übermüdete und erschöpfte Verhandlungsführer der versammelten, gebannt der Dinge harrenden Presse verkünden. Der hier gemeinte ›Vertrag‹ ist ein ungeschriebener, impliziter, wie etwa Jean-Jacques Rousseau ihn als *contrat social* verstand: das mehr oder weniger stille, wechselseitige, klassenübergreifende Einvernehmen, das eine Gesellschaft jenseits von inneren Zwangs- und Gewaltverhältnissen zusammen- und am Laufen hält. In den industriekapitalistisch organisierten, wohlfahrtsstaatlich verfassten Demokratien nach 1945 beruhte dieses gesellschaftliche Einvernehmen auf dem Zusammenwirken von vier Elementen, und zwar

1. dem *historischen Kompromiss* zwischen Kapital und Arbeit,
2. dem *fordistischen Geschlechtervertrag*,
3. einem andauernden *(post-)kolonialen Konsens* und
4. einem gesellschaftlich dominanten Verhaltenstypus, den ich als *Externalisierungshabitus* bezeichnen möchte.

Schon ein hier gebotener kursorischer Durchgang durch diese vier Elemente lässt deutlich werden, dass sie gemeinsam ihre gesellschaftsgeschichtliche Zeit hatten –, die aber mittlerweile abgelaufen sein könnte. In der *vertikalen* Dimension wurden die westeuropäischen Nachkriegsdemokratien auf die eine oder andere Weise von einer sozialen Kompromisskonstellation getragen, in der die Organisationen der Lohnabhängigen die ökonomische Herrschaftsposition der Kapitalseite anerkannten, um im Austausch gegen deren Akzeptanz in den Genuss von weitreichenden wohlfahrtsstaatlichen Sicherungsleistungen und begrenzten betrieblichen Mitbestimmungsrechten zu kommen.

Diese Kompromissstruktur wurde in der *horizontalen* Dimension ergänzt – und ihrerseits getragen – durch ein Geschlechterarrangement, in dem der Erwerbstätigkeit der männlichen Industriearbeiter die häusliche Sorgearbeit ihrer Ehefrauen entsprach, wobei auch hier die sozial- und familienpolitische Rahmung dieses Geschlechtervertrags von maßgeblicher Bedeutung für dessen Praktikabilität war.

Bis heute deutlich weniger prominent verhandelt, gleichwohl aber nicht weniger relevant für die Funktionsfähigkeit des demokratisch-kapitalistischen Gesellschaftsmodells, war die *transversale* Dimension des impliziten Sozialkontrakts, nämlich die untergründige Übereinkunft zwischen politischen und ökonomischen Eliten und ihren nationalen Bevölkerungen, auch nach der Auflösung der europäischen Kolonialreiche weiterhin von den in Zeiten des Kolonialismus eingerichteten geopolitischen und -ökonomischen Asymmetrien zwischen ›Erster‹ und ›Dritter Welt‹ profitieren zu wollen – ein klassenübergreifender Wille zur Macht, der sich im Welthandelsregime ebenso Ausdruck schuf wie etwa in der EU-Migrationspolitik.

Die *externale* Dimension des sozialen Zusammenhalts im Nachkriegseuropa schließlich verweist auf die gesellschaftsweite Verbreitung der lebensweltlich-alltagspraktischen Selbstverständlichkeit eines schonungslosen Umgangs mit den scheinbar umsonst und draußen verfügbaren Ressourcen des Planeten Erde. Auch diese »imperiale Lebensweise« ist als »eine Art Kompromiss zwischen den Interessen der Herrschenden und den Forderungen und Wünschen der Subalternen«[63] zu verstehen. Dabei werden die stofflichen Voraussetzungen und Konsequenzen der im demokratischen Kapitalismus herrschenden Produktions- und Konsumpraktiken zumindest teilweise nach außen verlagert bzw. externalisiert – sprichwörtlich dorthin, wo der Pfeffer wächst.

In diesen vier Ecken sollte Stabilisierung stecken, sprich die Sicherung von begrenzten und gestuften Teilhaberechten nach innen durch die gleichzeitige Abwehr bzw. Inanspruchnahme der sozialen Außenwelt und natürlichen Umwelt der Nationalgesellschaft. Und so kam es dann auch: Das Poesiealbum der westlichen, industriekapitalistischen Demokratie verzeichnet im 20. Jahrhundert eine scheinbar nicht enden wollende, vor allem aber nicht enden sollende Flut von Einträgen, die von der im Rückblick geradezu unwahrscheinlichen Stabilität ihres Wachstums-Wohlstands-Wohlfahrts-Arrangements zeugen.

Heute aber, im mittlerweile gar nicht mehr so frühen 21. Jahrhundert, zeigt sich an allen Ecken und Enden die Problematik des demokratischen Gesellschaftsvertrags, geraten seine zentralen Stützpfeiler mehr oder weniger plötzlich ins Wanken. Und der Blick ins Poesiealbum der ›guten alten Zeiten‹ produziert unter den Bürger*innen der westlichen Demokratien nun wahlweise Melancholie oder Wut, Depression oder Aggression, im Grunde aber eine explosive Mixtur von beidem.

Was ist geschehen? Nun, um es kurz und impressionistisch zu fassen: Der wohlfahrtsstaatliche Kompromiss ist von Kapitalseite aufgekündigt worden, die Kapitaleigner*innen wollen sich keine als übermäßig erachteten Sozialfesseln mehr anlegen lassen – und müssen dies auch nicht länger, seit Globalisierung und Liberalisierung von Güter- und Finanzmärkten ihre strukturelle Machtposition massiv gestärkt haben. Der industrialistische Geschlechtervertrag ist im Zangengriff von weiblichen Emanzipationsansprüchen und steigender Erwerbstätigkeit von Frauen brüchig geworden, die familialen Lebensformen haben sich unwiderruflich vervielfältigt, die gesellschaftliche Normalität männlicher Hegemonie ist unter Druck geraten (wiewohl Frauenverachtung in der Mentalität der westlichen Gesellschaften bleibend verankert ist)[64]. Der (post-)koloniale Konsens ist durch den jähen Einbruch des globalen Migrationsgeschehens in die soziale Realität der europäischen Gesellschaften nach 2015 zwar nicht ernsthaft gefährdet, aber doch als solcher überhaupt zum Thema geworden: Dass hinter den Fluchtursachen an anderen Enden der Welt womöglich auch das politisch-ökonomische Schalten und Walten hierzulande, an deren vermeintlichem Nabel, stecken könnte, ist jedenfalls kein völlig abwegiger Gedanke mehr. Der geoökonomische Aufstieg Chinas hat sein Übriges getan, um das Selbstverständnis der westlichen Nationen als natürliche Führungsmächte und globale Normsetzungsinstanzen zu erschüttern. Und nicht zuletzt wird auch der westlich-industrielle Externalisierungshabitus – lebe glücklich, lebe froh, was kümmert dich (Obacht, Wortspiel!) das c_2o – inzwischen zunehmend problematisiert: Man denke nur, als Spitze eines vermutlich nicht so rasch schmelzenden Protesteisbergs, an die soziale Mobilisierung im und rund um den Hambacher Forst oder an die freitäglichen Schülerstreiks und -demonstrationen, die nicht nur Schulleitungen in die Bredouille bringen, sondern vor allem ›die Politik‹ unter einen neuartigen Handlungs- und Rechtfertigungsdruck setzen.

Man kann – und muss – den in ganz Europa, aber auch im Rest des Westens, in Nordamerika ebenso wie in Ozeanien, grassierenden sogenannten Rechtspopulismus, dessen Grenzen zu neofaschistischen Ideologemen und Organisationen allzu häufig verschwimmen, als die zeitgenössische Form der gesellschaftlichen Abwehr- und Gegenbewegung zur Krise des demokratischen Gesellschaftsvertrags der Nachkriegszeit verstehen. Es ist dies eine politisch-soziale Bewegung, die sich aus einer bunten Mischung von Personen und Milieus speist, die sich in ihren bisherigen Klassenpositionen bedroht fühlen, d. h. in den materiellen Möglichkeiten und in der symbolischen Macht, über die sie in diesen Positionen, bei aller Abhängigkeit von den Inhaber*innen anderer, machtvollerer

Klassenpositionen, bislang verfügten. Im Kern stecken hinter den rechtspopulistischen Bewegungen unterschiedlichster Couleur *soziale Deklassierungserfahrungen*[65], die nicht nur ökonomischer Natur sind oder sein müssen – wie die Angst vor Arbeitsplatzverlust, vor prekären Einkommensverhältnissen, vor dem wirtschaftlichen Abstieg. Vielmehr kann es dabei auch um angestammte, als verdient und angemessen wahrgenommene Vorrechte gehen, die man nun gefährdet oder gar widerrufen sieht, Vorrechte der Männer gegenüber den Frauen, der Einheimischen gegenüber den Zugewanderten, der Weißen gegenüber den Nicht-Weißen, der ›entwickelten‹ Welt gegenüber den ›aufstrebenden‹ Nationen, und ja: des Menschen gegenüber der Natur, des Automobils gegenüber der Umwelt, individueller Freiheiten gegenüber kollektiven Zwängen, von Lust und Laune gegenüber Vernunft und Verzicht.

Es geht mithin um die Erschütterung nicht nur materieller, sondern auch symbolischer Machtpositionen, es geht um die Erfahrung bisher gesellschaftlich tonangebender Gruppen, dass sie die – wie auch immer begrenzte – Kontroll- und Diskursmacht, die ihnen einst und bis vor kurzem zu eigen war, einzubüßen beginnen, sie vielleicht auch schon verloren haben. Nicht zufällig erschöpfen sich die Feindbilder des Rechtspopulismus – neben dem politischen Establishment – nicht nur im Finanzkapital und den Superreichen, tritt die Neue Rechte nicht nur gegen ›Heuschrecken‹, ›Nieten in Nadelstreifen‹ und ›abgehobene Politiker‹ an –, sondern eben auch gegen Feminist*innen und ›Genderwahn‹, gegen Migrant*innen und die ›Anti-Abschiebeindustrie‹, gegen Ökoaktivist*innen und die ›Klimalüge‹.

So gesehen handelt es sich bei den Positionierungen der um ihre Position Fürchtenden um das, was diese bzw. deren selbsternannten Interpret*innen in der Regel der jeweiligen Gegenseite attestieren, nämlich um ›Identitätspolitik‹ im Sinne einer ›Politik der ersten Person‹, einer Politisierung der Bedürfnisse, wie sie sich aus Sicht der je eigenen Stellung in einem sozial und kulturell heterogenen gesellschaftlichen Zusammenhang ergeben. Im Fall der Kerngruppen des rechtspopulistischen Protests wäre dies dann z. B. die Identitätspolitik des industriellen, männlichen, weißen, automobilisierten Wachstumssubjekts – dessen Anliegen freilich in der öffentlichen Debatte zumeist als ökonomische oder soziale Anerkennungskämpfe durchgehen, wohingegen die Interessen von Frauen, Schwarzen oder Schwulen und Lesben wie selbstverständlich als Ausweis von Kulturkämpfen verhandelt werden.[66]

Umgekehrt lassen sich aus dieser Perspektive auch die aktuellen Erfolgsbedingungen Grüner Parteien in Europa, namentlich in Deutschland, ergründen. Denn diese können derzeit mit einem Anti-Populismus punkten, der in Aussicht stellt, die ökologische Begrenzung der Demokratie ganz wesentlich durch intelligente Technologien bewerkstelligen zu können – und jedenfalls ohne einen radikalen, systemtransformativen Umbau ihrer ökonomischen und stofflichen Basis, der *alle* sozialen Klassenpositionen in den reichen Industriegesellschaften grundsätzlich zur Disposition stellen würde. Politisch populär ist in der real existierenden Demokratie derjenige, der sich situationsangemessen problembewusst zeigt, ohne die berühmt-berüchtigte ›Systemfrage‹ zu stellen – bzw. diese schon vom Tisch wischt, noch ehe sie überhaupt gestellt werden konnte.

Die Systemfrage in dem hier verhandelten Zusammenhang aber lautet: *Lässt sich Demokratie sozial entgrenzen – und ökologisch begrenzen?* Und der erste Ansatz einer Antwort besteht in der Feststellung eines fundamentalen politischen Dilemmas: Das demokratische Versprechen auf verallgemeinerte Teilhabe an sozialen Lebensgestaltungschancen und gesellschaftlichen Berechtigungsräumen lässt sich *nur gegen die gegenwärtig herrschenden, klassenstrukturierten Praktiken* seiner Einlösung verwirklichen. Genau deswegen und in diesem Sinne ist heute vor allen Dingen eines gefragt: Solidarität. Und Solidarität, so verstanden, ist keine Metapher für allgemeine Brüderlichkeit, für gesellschaftliche Einheit oder für einen modernen Sozialstaat, sondern ein politischer Kampfbegriff: Solidarität – Ausrufezeichen.

8 Solidarität!

Solidarität – wer wäre nicht dafür? Solidarität ist eine soziale Wohlfühlkategorie. Oder so will es jedenfalls auf den ersten Blick scheinen. Denn für gewöhnlich kommen das Verständnis von und der Aufruf zu Solidarität einigermaßen harmlos daher. Dann zielt der Begriff auf die Idee einer wechselseitigen moralischen Verpflichtung zwischen den Mitgliedern einer Gruppe ab, der diese folgen und Genüge tun, wenn und indem sie einander im Bedarfsfall Hilfe und Unterstützung leisten – die Gruppe wird zur Solidargemeinschaft. Dass sich die Einzelnen zu entsprechendem Handeln bemüßigt fühlen, wird auf ein Gefühl der sozialen Verbundenheit zurückgeführt: Man fühlt mit dem oder der anderen, die einem nahestehen, und ist daher bereit, für deren Belange einzutreten – was heute jederzeit per Mausklick möglich ist, wenn es z. B. gilt, Petitionen für inhaftierte Journalist*innen oder gegen weibliche Genitalverstümmelung zu unterzeichnen. In solchen Fällen kostet Solidarität nichts – und trägt vielleicht dennoch etwas aus.

Schon weniger harmlos wird es allerdings, wenn Solidarität zu üben spürbare Zumutungen mit sich bringt, und wenn diese Zumutungen den Mitgliedern einer Gruppe auferlegt, womöglich sogar aufgezwungen werden, oder anders ausgedrückt: Wenn die wechselseitige Verpflichtung verpflichtend gemacht wird. Dies ist z. B. im Kontext staatlich organisierter Sozialversicherungssysteme der Fall, in denen die Verfolgung des solidarischen Prinzips des ›eine*r für alle, alle für eine*n‹ nicht mehr im Benehmen des Gruppenmitglieds liegt, sondern das Füreinander-Einstehen gesetzlich geboten ist und im Zweifelsfall erzwungen werden kann. Was dann anderen passiert, aber auch einem selbst passieren könnte (etwa zu verunfallen oder arbeitslos zu werden) bzw. mit ziemlicher Sicherheit passieren wird (z. B. zu erkranken oder alt zu werden), gerät zum Gegenstand von im Prinzip unfreiwilliger Hilfe. Diese wird von den durch ihre Beitrags- und Steuerzahlungen Hilfeleistenden irgendwie doch für angemessen gehalten – und kann als letztendlich ja auch im eigenen Interesse liegend betrachtet werden.

Hier wie auch in anderen, weniger institutionalisierten Kontexten – wenn man von Deutschland aus für Flutopfer in Südostasien spendet, die Altkleider zwecks Weitergabe an Bedürftige in die dafür vorgesehenen Container wirft oder die dauerhafte Patenschaft für ein Kind in Mittelamerika übernimmt – reagiert Solidarität nach herkömmlichem Verständnis auf einen wahrgenommenen Notstand, den es zu beheben gilt. Solidarisches Handeln zielt dann darauf, den vorherigen Zustand wiederherzustellen (auf dass zerstörte Häuser wieder bewohnbar werden), oder aber aus dem Lot geratene soziale Verhältnisse zu stabilisieren: Mitbürger*innen, die etwas Vernünftiges anzuziehen haben, werden (›Kleider machen Leute‹) zu vollwertigen Mitgliedern der gesellschaftlichen Gemeinschaft; und Kinder, die in den Genuss von Schulbildung kommen, werden dadurch in die Lage versetzt, im Erwachsenenalter als ebenso selbst- wie pflichtbewusste Staats- und Marktbürger*innen aufzutreten. Solidarität knüpft ein soziales Band, das – so die Vorstellung – die Menschen verbindet, Gemeinschaft stiftet, den gesellschaftlichen Zusammenhalt gewährleistet. Solidarität, so verstanden, ist ein Instrument der Herstellung oder Wiederherstellung gesellschaftlicher Einheit, der Stabilisierung und Verfestigung, ja Zementierung der sozialen Verhältnisse.

Genau das ist allerdings nicht gemeint, wenn hier nun abschließend davon die Rede sein soll, dass Solidarität jene Praxis ist, die die Grenzen der Demokratie zu *überwinden* und zugleich zu *wahren* vermag; gemeint ist vielmehr ziemlich genau das Gegenteil davon. ›Solidarität‹ ist mehr – oder sagen wir vielleicht treffender: etwas anderes – als Hilfe, als Mitmenschlichkeit, als Parteinahme für die Mühseligen und Beladenen. Solidarität ist keine anthropologische Konstante, keine Frage eines im Menschen angelegten Solidartriebes, der nur entfesselt werden müsste, den jede*r Einzelne in sich zu entdecken hätte oder der politisch bloß noch klug zu kanalisieren wäre. Und Solidarität erschöpft sich nicht in ihrem sozial stabilisierenden Potenzial, sie ist kein bloßer Mechanismus der akut-notdürftigen Krisenbewältigung, der freundschaftlich-ausgleichenden Wiederherstellung eines gesellschaftlichen Gleichgewichts. ›Echte‹ Solidarität ist alles andere als harmlos – und zwar in dem, was sie verlangt; und in dem, was sie auszurichten vermag.

Das demokratische Grenzregime

Um nun nicht länger nur in Verneinungen und damit auch in Rätseln zu sprechen: Solidarität, die ich hier meine, besteht in einer sozialen Praxis, die *kooperativ, performativ* und *transformativ* zugleich ist – und als solche eine fortschrittliche, progressive Antwort gibt auf die Grenzen der Demokratie, auf die real existierende Demokratie der Begrenzung von Lebensgestaltungschancen und der Schließung von Berechtigungsräumen.

Solidarität ist *kooperativ*, insofern die Idee wechselseitiger Verbundenheit nicht als stellvertretendes Einstehen für die Belange anderer ausbuchstabiert wird, sondern als *gemeinsames* Eintreten für beiderseitig geteilte Belange, auch über ansonsten bestehende Differenzen hinweg.

Solidarität ist *performativ*, indem nicht die Vorstellung einer vorgängigen solidarischen Haltung bedient wird, der bei Bedarf nur noch individuell Ausdruck zu geben wäre, sondern vielmehr klargestellt wird, dass das Bewusstsein wechselseitiger Verbundenheit nur *im Akt* des gemeinsamen Eintretens für geteilte Belange wächst – die sich als tatsächlich geteilte wiederum erst über den ›Umweg‹ dieses gemeinsamen Handelns erweisen.

Und Solidarität ist *transformativ*, insoweit als Ziel der im gemeinsamen Handeln sich ausbildenden wechselseitigen Verbundenheit nicht etwa die Aufrechterhaltung oder Wiederherstellung einer gegebenen Sozialstruktur der Lebenschancen ausgegeben wird. Ziel solidarischer Praxis ist demgegenüber die grundlegende, radikale *Veränderung* des gesellschaftlichen Systems ungleicher Möglichkeiten der Teilhabe an der Gestaltung der eigenen Lebensbedingungen.

Solidarität ist, um mit Bini Adamczak zu sprechen, eine Beziehungsweise, »wesentlich ein Beziehungsgeschehen«,[67] ist eine bestimmte Weise, sich auf andere zu beziehen, aufeinander Bezug zu nehmen. Schon Marx wusste: »Die Gesellschaft besteht nicht aus Individuen, sondern drückt die Summe der Beziehungen, Verhältnisse aus, worin diese Individuen zueinander stehn.«[68] In diesem Sinne ist Solidarität eine besondere Weise des sozialen Handelns – eine spezifische Form, *beziehungsweise* zu handeln. Sie ist eine Handlungs- und Beziehungsweise, die zu dem führen kann, was diesem Buch das zentrale Anliegen ist, zu einer Demokratisierung der Demokratie, zu ihrer *sozialen Entgrenzung* im Zuge und Zeichen ihrer *ökologischen Begrenzung.*

Der Schlüssel dazu, Solidarität als einen Mechanismus der sozialen Entgrenzung der Demokratie (also der Überwindung der in ihr angelegten vertikalen, horizontalen und transversalen Ungleichheiten der Teilhabeberechtigung) zu verstehen, liegt darin, sie nicht als eine Praxis der Verbindung unter Gleichen, sondern der Überbrückung von Differenzen zu begreifen.[69] Solidarität in dem hier zu vermittelnden Verständnis setzt nicht voraus, dass ich mich im anderen erkenne.

> Sie setzt voraus, dass es *gerade nicht* geteilte – ökonomische, politische, kulturelle – Grundlagen gibt und dass dieses Trennende temporär überwunden werden kann. Sie besteht nicht in erster Linie in der Parteinahme für die Gleichen und Ähnlichen, sondern darin, sich mit Menschen zu solidarisieren, mit denen man *gerade nicht* die Fabrik und das Milieu, das Geschlecht oder die ethnische Zuschreibung teilt.[70]

Oder aber die Nationalität. Solidarität besteht also im *Überschreiten von Klassengrenzen*, von Grenzziehungen zwischen konkurrierenden Marktklassen und von Ausschlüssen gegenüber nationalen Staatsbürgerklassen. Solidarität muss sich dabei nicht auf vorgängig geteilte Erfahrungen beziehen, sondern in ihr beziehen sich Menschen aufeinander, um die Erfahrung des Gemeinsamen zu machen – die geteilte und praktische Erfahrung, dass sich auch gesellschaftliche Dominanzbeziehungen überwinden lassen, dass Ausschluss und Konkurrenz nicht alternativlos sind. Die Vorstellung, »dass auch mächtige und privilegierte Menschen sich von Dominanzkulturen distanzieren können«, dass die Marktmächtigen und Staatsbürgerschaftsprivilegierten sich im solidarischen Handeln von ihrem sozialen Dominanzanspruch zu emanzipieren vermögen, »ist ein nicht bloß normatives, sondern auch ein praktisch-politisches Ideal – auf das auch der Glaube daran, dass eine bessere Welt möglich ist, elementar angewiesen ist.«[71]

Sosehr Solidarität aber eine Bewegung der Entgrenzung ist, so sehr hat sie auch eine Praxis der Begrenzung zu sein. Und genau hierin liegt ihr fundamentales, heute so scharf wie nie zuvor zu Tage tretendes Dilemma. Auch hier geht es um die Emanzipation von einem Dominanzanspruch: Dieser Anspruch muss nicht nur gegenüber Anderen, gesellschaftlich schlechter Gestellten, sondern auch gegenüber dem vermeintlichen Außen der Gesellschaft, ihrer natürlichen ›Umwelt‹, aufgegeben werden. Oder anders ausgedrückt: Solidarität im Sinne eines geteilten, praktisch hergestellten Sinnes für die Unerträglichkeit des Seins besteht ganz elementar in der *Wahrung der Ressourcengrenzen* einer gemeinsam bewohnten Welt.

Die liberale Demokratie hat diesbezüglich immer schon mit zweierlei Maß gemessen: Sosehr sie in ihrer Selbstbeschreibung von Beginn an nicht nur auf das Prinzip der Berechtigung, sondern auch auf jenes der Unversehrtheit Wert legte, so wenig hatte sie doch mit der Entrechtung und Beschädigung der Natur ein Problem. Denn die hehren

Prinzipien der Berechtigung und Unversehrtheit wurden von ihr streng individualistisch, genauer noch besitzindividualistisch, ausbuchstabiert: Es ging ihr um das zu wahrende Recht auf Eigentum und körperliche Unversehrtheit des – später dann auch der – Einzelnen, das im Zweifel auch auf Kosten der Enteignung von Natur und der Verletzung ihrer Stoffkreisläufe durchzusetzen war.

Die Institutionen der kapitalistischen Produktionsweise, also das System der privaten Verfügung über den Prozess der wirtschaftlichen Wertschöpfung einschließlich der privaten Aneignung des dabei geschaffenen Wertprodukts, fallen in der bürgerlichen Demokratie gerade *nicht* in den Bereich demokratischer Gestaltung, sondern wurden diesem grundsätzlich und von vornherein entzogen.[72] Damit wurde die Dominanz von privaten Profitinteressen, an die in der kapitalistischen Ökonomie immer auch die Arbeitsplatzinteressen der Lohnabhängigen gekoppelt sind, gegenüber öffentlichen Umweltinteressen zur heiligen Kuh der liberalen Demokratie, die (im Gegensatz zu den real existierenden Kühen und sonstigen lebendigen Kreaturen in der industriellen Massentierhaltung) absoluten Schutz für sich beanspruchen konnte:

> Faktisch ist die liberale demokratische Politikgestaltung ungeachtet ihres Prozeduralismus und Neutralitätsanspruches alles andere als unparteiisch, da sie einen systematischen Bias zuungunsten des Schutzes öffentlicher Umweltinteressen und zugunsten von Privatinteressen einschließlich liberaler Freiheiten wie der Vertragsfreiheit aufweist.[73]

Die Crux der Demokratie, wie wir sie kennen – einer liberalen Demokratie, der eine solidarische Gesellschaft die Grenzen aufzeigen müsste –, liegt genau in dieser strukturellen Missachtung und systemischen Überschreitung ihrer natürlichen Grenzen.

Die liberale Demokratie, darauf hat der Wiener Politikwissenschaftler Ingolfur Blühdorn zuletzt immer wieder hingewiesen, ist zu einem Instrument der nachhaltigen Verteidigung nicht-nachhaltiger Produktionsweisen, Konsumformen und Lebensstile geworden. Das »Subjektivitäts- und Freiheitsverständnis, wie es sich im Zuge der bürgerlichen Aufklärung entfaltet und in *modernen* Gesellschaften hegemonial ausgebreitet hat«[74] – gemeint ist hier die Vorstellung des freien, selbstbestimmten, autonomen Individuums –, ist der Demokratie selbst zum Problem geworden. »Das emanzipatorische Projekt, das zunächst der Geburtshelfer des demokratischen Projekts war, wird in seinem eigenen Vollzug zu dessen Totengräber«,[75] und zwar deshalb, weil es ganz wesentlich zu einem Projekt der individuell gedachten und kollektiv-individuell praktizierten Emanzipation von wirtschaftlichen Wachstums- und stofflichen Ressourcengrenzen mutiert ist. Die liberaldemokratische Gesellschaft hat die »Politik der Nicht-Nachhaltigkeit«[76] zu ihrem Prinzip erhoben – und frönt ihr heute, allen anschwellenden Nachhaltigkeitsdiskursen und regelmäßigen Klimaschutzkonferenzen zum Trotz, mehr denn je.

Von dieser »Dialektik der Emanzipation«[77] gilt es sich zu emanzipieren, ebenso dringlich wie dauerhaft. Denn mittlerweile pfeifen es nicht mehr nur die Spatzen von den Dächern, dass wir den Karren der menschlichen Zivilisation mit Höchstgeschwindigkeit an die Wand fahren – und dennoch halten wir am Normativ der demokratisch-kapitalistischen Moderne fest, am Fetisch der privaten Produktionsentscheidungen und der individuellen Konsumfreiheiten. Mit eben diesem gleichermaßen fremdschädigenden wie letztlich selbstzerstörerischen Fetischismus aber bricht eine Praxis der Solidarität, der nicht nur an der sozialen Entgrenzung der Demokratie, sondern im selben Atemzug auch an ihrer ökologischen Begrenzung gelegen ist. Mit diesem neuen, auf den Kopf gestellten Grenzregime würde die Demokratie keineswegs, wie viele fürchten oder zu fürchten machen versuchen, zur (ökosozialen) Diktatur, ganz im Gegenteil: Erst dies würde eine Demokratie sein, die ihren Namen auch verdient.[78]

Solidarität als Kampf

Solidarisches Handeln für ein neues demokratisches Grenzregime ist, wie gesehen, seinem Anspruch nach eine Praxis der Überbrückung von Differenz: Solidarität wird praktisch in der Überwindung der in der Marktgesellschaft herrschenden Statuskonkurrenzen, im Aufbrechen der Exklusionsstrukturen der Staatsbürgergesellschaft – und nicht zuletzt in der Auflösung jener ruinösen Differenz, in die sich die industriekapitalistische Gesellschaft zu ihrer natürlichen Umwelt gesetzt hat.

Doch bei aller notwendigen Differenzüberbrückung muss doch auch klar sein, dass solidarische Praxis immer auch Differenzen zu markieren, Gegensätze aufzuzeigen, ihre Gegner*innen zu benennen hat. Genau das war gemeint, als zuvor davon die Rede war, dass Solidarität – beim Wort genommen – alles andere als harmlos ist. Solidarität, die einen Unterschied zum Bestehenden macht, weil und indem sie im Akt ihres Vollzugs Unterschiede zu überbrücken vermag, hat immer ein Gegenüber, das eben diese transformative Praxis zu be- und verhindern versuchen wird. In diesem Sinne ist Solidarität zwangsläufig Kampfsolidarität:[79] Soll sie etwas verändern, so wird sie Widerstände zu überwinden haben.

In der für die vorliegende Analyse erkenntnisleitenden Theorie sozialer Schließung wird dieser Zusammenhang in dem Handlungstyp des »Solidarismus«[80] gefasst: Damit werden jene Praktiken bezeichnet, die nicht, wie Schließungsprozesse dies in der Regel bezwecken, eine gegebene Verteilungsordnung stabilisieren, indem sie Berechtigungsräume abriegeln und diese damit den bereits Berechtigten vorbehalten. Solidaristische Praktiken stellen vielmehr die herrschende Verteilungsordnung in Frage – was entsprechende Widerstände derjenigen provoziert, die unter gegebenen Bedingungen das Privileg der Berechtigung genießen.

Das aber sind nicht nur jene, die das gesellschaftliche Produktivvermögen für sich monopolisieren und in einer demokratisierten Demokratie die Entscheidungshoheit über den gesellschaftlichen Produktionsprozess verlieren würden. Es sind auch diejenigen, die über ausreichend finanzielle Mittel und die hinlängliche sozial-ökologische Gleichgültigkeit verfügen, um einen hyperkonsumistischen Lebensstil zu pflegen, der sprichwörtlich über Leichen zu gehen bereit ist. Und es sind, auf einer untergeordneten Stufe der gesellschaftlichen Hierarchie, die Vielen, die unter den herrschenden weltgesellschaftlichen Verhältnissen privilegierte Rechte für sich in Anspruch nehmen können. »Die ›Bürger- und Menschenrechte‹ sind die Rechte derer, die sie verwirklichen«[81] – im Unterschied zu den vielen anderen, die dazu nicht in der Lage sind, und im Konflikt mit den Rechten der Natur.

In der praktischen Verbundenheit solidarischen Handelns gibt es also immer ein Gegenüber, gegen dessen Widerstreben die Demokratisierung der Demokratie zu erkämpfen wäre. In Anbetracht der aktuellen politisch-ökonomischen Konstellation in Europa und Nordamerika muss bei realistischer Betrachtung auch die neofaschistische Rechte als ein solcher Gegner gelten – eine Rechte, die sich in Differenzsetzungen ergeht, die letztlich auf eine Differenz vernichtende soziale Praxis des Ausschlusses zielen: »›Volksgemeinschaft‹ bedeutet auch Selbstermächtigung, die rassistische Öffnung von Handlungsoptionen.«[82]

Und machen wir uns nichts vor: Nicht der geringste Gegner in diesem Prozess sind – jedenfalls in den reichen Demokratien des Westens – wir selbst. Wir, die wir zu jenen gehören, die von den Privilegien der Berechtigung zehren, die »bei uneingeschränkter Inanspruchnahme zu einer undemokratischen Belastung Anderer oder der Erde mit sozialökologischen Kosten führen«[83]. Eine entscheidende Frage solidarischer Praktiken wird daher lauten, ob wir dazu bereit und in der Lage sein werden, unserer eigenen Berechtigung Grenzen zu setzen, die Angemessenheit unserer eigenen Privilegierung in Zweifel zu ziehen.

Das würde bedeuten, in sozial folgenreicher Weise unsere Verstrickung in eine gesellschaftliche – und zwar weltgesellschaftliche – Ungleichheitsstruktur anzuerkennen, die uns selbst Lebensgestaltungschancen, Berechtigungsräume und eine individuelle Handlungsfähigkeit zuweist, die sie zur gleichen Zeit anderen Menschen effektiv abspricht. Und es würde heißen, die politische Verantwortung anzunehmen, die uns zukommt, weil wir als Berechtigte in eine Machtposition gestellt sind, von der aus wir – ohne es unbedingt zu wollen, schlicht durch unser alltägliches Handeln – immer wieder aufs Neue mit dazu beitragen, jene Ungleichheitsstrukturen zu bestätigen und zu verfestigen, die uns eine privilegierte Position im Raum sozialer Berechtigungen überhaupt erst beschert haben.[84]

Es würde dies auch bedeuten, in unseren Weltdeutungen und Handlungsorientierungen umzuschalten, nämlich von der sich immer wieder selbst bestätigenden Behauptung unserer individuellen Ohnmacht angesichts der vermeintlichen Übermacht des strukturell Gegebenen – auf die Einsicht in die Machtposition, die uns von den weltgesellschaftlichen Verhältnissen gegeben ist, und in die daraus erwachsende, kollektiv-geteilte Verantwortung. Das wiederum würde die Voraussetzung dafür sein, uns als potenziell handlungsfähige kollektive Akteure zu sehen, also als Agenten der Solidarität, die – den politischen Willen dazu vorausgesetzt – durchaus in der Lage wären, ihrer Verantwortung gerecht zu werden und an der Schaffung von gesellschaftlichen Institutionen mitzuwirken, die einerseits die Grenzen sozialer Berechtigung dehnen und andererseits die »kollektive Selbstbegrenzung«[85] mit Blick auf die Entrechtung der Natur organisieren.

Denn die Grenzen der Demokratie können auch dadurch überwunden werden, bestimmte Formen der »Begrenztheit nicht bloß als Defizit«[86] zu fassen – und der herrschenden Politik der Nicht-Nachhaltigkeit mit einer praktisch werdenden »Utopie der Null-Option«[87] zu begegnen. Als eine solche Utopie verstand Claus Offe schon Mitte der 1980er Jahre die Abkehr von einer gesellschaftlichen Institutionenordnung, die, indem sie beständig neue Optionen erschließt, gleichzeitig auf absehbare Zeit die Meta-Option verschließt, auf eben diese Logik der Optionserweiterung auch wieder verzichten zu können. Dem stellt er die Utopie einer Ordnungspolitik entgegen, mit der »Gesellschaften den erreichten Zustand ihrer Modernisierung einer durchaus ›modernen‹ Revision unterziehen und sich institutionell in die Lage versetzen, mit weiteren Modernisierungsprozessen wählerisch umzugehen«[88].

Womit wir beim finalen Stichwort wären – dem der ›Utopie‹. Denn nichts anderes ist Solidarität, einmal praktisch geworden, als ein »Stück gelebter Utopie«:[89] Die hier und heute praktizierte Solidarität ist, im Kleinen und Lokalen, eine Vorwegnahme des Möglichen, ein Vorgriff auf das, was auch im Großen und Ganzen sein könnte, wenn die gesellschaftlichen Verhältnisse andere – nämlich solidarische – wären. In einer Welt der verallgemeinerten Konkurrenz und der verbreiteten Indifferenz, in einer Welt, in der man den Vorrang des eigenen Vorteils und die Bedeutungslosigkeit fremden Leidens zu akzeptieren gelernt hat, ist das Versprechen, das diese Welt zu verändern vermag, »das Versprechen auf eine universelle Solidarität«, auf eine Solidarität, die »weder an den Grenzen des Privateigentums endet noch an denen der Nation«,[90] und auch nicht an jenen der gesellschaftlichen Naturverhältnisse.

Eine solche Solidarität wüsste die Grenzen der Demokratie neu zu ziehen, indem sie soziale Berechtigungsräume öffnet, ökologische Berechtigungsräume hingegen schließt. Sie wäre Antrieb und Bremse zugleich einer Demokratie, die auch insofern zu sich selbst kommen würde, als sie praktisch werden ließe, dass in einer Demokratie »Entscheidungen getroffen werden von denen, die sie betreffen«[91].

Die allererste Realutopie eines veränderten demokratischen Grenzregimes müsste daher die institutionelle Garantie des politischen Wahlrechts für alle sein, die das politische Gemeinwesen bevölkern –, unabhängig davon, ob sie ›immer schon‹ hier gelebt haben, ob sie Migrant*innen nicht-deutscher Staatsbürgerschaft der ersten, zweiten oder x-ten Generation sind, oder ob sie erst gestern in Seenot aus dem Mittelmeer gerettet und in den – dann wirklich – schützenden Hafen einer neuen Heimat gebracht wurden. Dem bedingungslosen politischen Wahlrecht an dem Ort, an dem man lebt, kommt eine strategisch herausragende Bedeutung auf dem Weg zu einer universellen Solidarität und einer demokratisierten Demokratie zu. Denn dies Wahlrecht etabliert die Möglichkeit der *gleichen Teilhabe aller an der politischen Gestaltung der Lebensverhältnisse vor Ort* – und eröffnet da, wo die Menschen sich alltäglich begegnen, die Chance auf neue Formen der Kollektivität und eines Lebens in kollektiv-individueller Verantwortung.

›Demokratie, jetzt!‹: Das hätte also die Parole der Stunde zu sein. Denn die gegenwärtig herrschenden Grenzen der Demokratie als der Punkt, an dem die Demokratie endet, bilden zugleich den Punkt, von dem ihre Ausweitung auszugehen hat. Wir müssen heute endlich realisieren, dass – so Étienne Balibars hellsichtige, schon zur Zeitenwende um 1989 geäußerte Diagnose –

> man die bestehenden demokratischen Rechte und die Demokratie in historischen Übergangsperioden nicht schützen, ja nicht einmal erhalten kann, ohne das Wagnis der Verbreitung, Definition und Institution von neuen Rechten einzugehen, von Rechten, die alte Privilegien (oder zum Privileg gewordene alte Rechte) in Frage stellen.[92]

Genauso ist es, um nichts anderes geht es heute: Wir müssen die Demokratie wieder zum Einsatz machen, zum Einsatz ihrer Erweiterung und ihrer Begrenzung, ihrer sozialen und ökologischen Demokratisierung.

Für Balibar war dies »nichts anderes als die Definition einer linken Politik«[93]. Wer an die historische Angemessenheit und politische Produktivität der Rechts-Links-Unterscheidung nicht mehr glaubt, mag auch sagen: Es ist nichts anderes als die Definition der Demokratie selbst. Wir sollten sie ernst nehmen. Ehe es andere tun – und die Demokratie zum Einsatz ihres Untergangs machen.

Anmerkungen

1 Die deutschen Übersetzungen variieren. In einer Rede vor dem Unterhaus am 11. November 1947 äußerte sich der damalige britische Premierminister folgendermaßen: »No one pretends that democracy is perfect or all-wise. Indeed, it has been said that democracy is the worst form of government except all those other forms that have been tried from time to time.«
2 Crouch 2008 [2004].
3 So auch die ansonsten hervorragende Studie von Schäfer 2015.
4 Nullmeier 2017.
5 Vgl. Tocqueville 1985 [1835/1840].
6 Vgl. Marshall 2000 [1949].
7 Mit eben dieser Bestimmung beginnt Tocqueville (1985, S. 15) seine große Abhandlung *Über die Demokratie in Amerika*.
8 Weber 1980 [1922], S. 23. [Hervorhebung im Original.]
9 Ebd., S. 201 f.
10 Ebd., S. 202.
11 Vgl. insb. Parkin 1983 (die deutsche Übersetzung eines Textes von 1974) sowie Murphy 2004 [1984].
12 Parkin 1983 [1974], S. 124.
13 Ebd.
14 Ebd. [Hervorhebungen im Original.]
15 Parkin 1983 [1974], S. 132.
16 Vgl. Hirschman 1991.
17 Marshall 2000 [1949], S. 60.
18 Vgl. Schäfer 2013, S. 44.
19 Vgl. ebd., S. 41 ff.
20 Mills 2016 [1959], S. 269.
21 Castel 2000, S. 299.
22 Ebd. [Hervorhebung im Original.]
23 Ebd., S. 300.
24 Ebd.
25 Bourdieu 1985, S. 32. [Hervorhebung im Original.]
26 Vgl. Bourdieu 1982.
27 Castel 2000, S. 284.

28 Steinert 2004, S. 196.
29 Bourdieu 1985, S. 29.
30 Ebd., S. 21.
31 Steinert 2004, S. 195.
32 Beck 1986, S. 179.
33 Kreckel 2004, S. 47.
34 Castel 2000, S. 328.
35 Vgl. Carens 2019.
36 Murphy 2004 [1984], S. 101 f.
37 Ebd., S. 102.
38 Vgl. Shachar 2009.
39 Milanović 2012, S. 128, vgl. ebd., S. 127.
40 Murphy 1984, S. 559.
41 Vgl. Milanović 2012, S. 128.
42 Vgl. Spivak 2007.
43 Wallerstein 2003.
44 Balibar 1993, S. 163. [Hervorhebungen im Original.]
45 Ebd., S. 10.
46 Vgl. Lessenich 2018.
47 Biesecker/Winterfeld 2018, S. 573.
48 Moore 2016, S. 615.
49 Biesecker/Winterfeld 2018, S. 575: »Damit zerstört Externalisierung reproduktive Prozesse, zerstört soziale und natürliche Regenerationsfähigkeiten und -potenziale«.
50 Vgl. Mitchell 2011.
51 Vgl. McNeill/Engelke 2014.
52 Vgl. z. B. http://www.futureearth.org/blog/2015-jan-16/great-acceleration
53 Vgl. Nixon 2011.
54 White 1967, S. 1204.
55 Marshall 2000 [1949], S. 75.
56 Ebd., S. 76.
57 Ebd., S. 75 f.
58 Vgl. Wright 2000, S. 30.
59 Weber 1980 [1922], S. 532.
60 Ebd., S. 177.

61 Balibar 1993, S. 10 f. [Hervorhebungen im Original.]
62 Selbstverständlich ist auch hier die Rede von der Klassenlosigkeit im Kern unzutreffend, denn die sozialstrukturellen Differenzen des Ressourcenverbrauchs sind wohlbekannt und gut belegt.
63 Brand/Wissen 2017, S. 70.
64 Vgl. Manne 2019.
65 Vgl. Koppetsch 2019.
66 Vgl. Dowling/Dyk/Graefe 2018, S. 417.
67 Adamczak 2017, S. 257.
68 Marx 1974 [1857/58], S. 189.
69 Vgl., auf die Marx'sche Analyse der Klassenbildung bezogen, Vester 2019, S. 13 ff.
70 Kastner/Susemichel 2019, S. 17. [Hervorhebungen im Original.]
71 Ebd.
72 Vgl. dazu grundlegend Wood 1995.
73 Asara 2019, S. 147 f., vgl. Plumwood 1995.
74 Blühdorn 2019, S. 155. [Hervorhebung im Original.]
75 Ebd., S. 159.
76 Vgl. Blühdorn 2013, S. 258 ff.
77 Blühdorn 2019.
78 Vgl. ebd., S. 153: »Das neue Projekt kann diesen Namen weiterhin tragen. Das, was dieser Name bezeichnet, der normative Kern dieses Projekts, ist dann aber etwas grundsätzlich anderes als zuvor.« Damit bestätigt Blühdorn, der sozial-ökologischen Umgestaltungsnarrativen allzu pauschal einen unwillkürlichen Beitrag zur Politik der Nicht-Nachhaltigkeit zuschreibt, wider Willen die von ihm kritisierte Vorstellung einer ›Demokratisierung der Demokratie‹ (vgl. Lessenich 2019).
79 Vgl. Bayertz 1998, S. 40 ff.
80 Vgl. Parkin 1983 [1974], S. 129 ff.
81 Rancière 2011 [2005], S. 111.
82 Wildt 2014.
83 Asara 2019, S. 145.
84 Vgl. Young 2011, Jugov 2017.
85 Asara 2019, S. 151.
86 Blühdorn 2019, S. 156. [Hervorhebung im Original.]

87 Offe 1986.
88 Ebd., S. 116.
89 Bayertz 1998, S. 47.
90 Adamczak 2019.
91 Ebd.
92 Balibar 1993, S. 13 f.
93 Ebd.

Literaturhinweise

Adamczak, Bini: Beziehungsweise Revolution. 1917, 1968 und kommende. Berlin 2017.

– Die Versprechen der Gegenwart. In: Frankfurter Allgemeine Zeitung. 24. 1. 2019. Online: https://www.faz.net/aktuell/politik/inland/zur-zukunft-der-welt-die-versprechen-der-gegenwart-16003603.html

Asara, Viviana: Die Grenzen der liberalen Demokratie: Aussichten auf eine Demokratisierung der Demokratie. In: Ketterer/Becker 2019. S. 139–151.

Balibar, Étienne: Die Grenzen der Demokratie. Hamburg 1993.

Bayertz, Kurt: Begriff und Problem der Solidarität. In: K. B. (Hrsg.): Solidarität. Begriff und Problem. Frankfurt a. M. 1998. S. 11–53.

Beck, Ulrich: Risikogesellschaft. Auf dem Weg in eine andere Moderne. Frankfurt a. M. 1986.

Biesecker, Adelheid / Winterfeld, Uta von: Externalisierung 4.0? Von der wirkmächtigen Erzählung Industrie 4.0 und ihren Schattenseiten. In: PROKLA 48 (2018) S. 569–586.

Blühdorn, Ingolfur: Simulative Demokratie. Neue Politik nach der postdemokratischen Wende. Berlin 2013.

– Dialektik der Emanzipation. Kritische Soziologie in der Endlosschleife. In: Ketterer/Becker 2019. S. 152–159.

Bourdieu, Pierre: Die feinen Unterschiede. Kritik der gesellschaftlichen Urteilskraft. Frankfurt a. M. 1982.

– Sozialer Raum und ›Klassen‹. In: P. B.: Sozialer Raum und ›Klassen‹. Leçon zur la leçon. Zwei Vorlesungen. Frankfurt a. M. 1985. S. 7–46.

Brand, Ulrich / Wissen, Markus: Imperiale Lebensweise. Zur Ausbeutung von Mensch und Natur im globalen Kapitalismus. München 2017.

Carens, Joseph H.: Fremde und Bürger. Weshalb Grenzen offen sein sollten. Stuttgart 2019. (Reclams Universal-Bibliothek. 19562.)

Castel, Robert: Die Metamorphosen der sozialen Frage. Eine Chronik der Lohnarbeit. Konstanz 2000.

Crouch, Colin: Postdemokratie. Frankfurt a. M. 2008 [2004].
Dowling, Emma / Dyk, Silke van / Graefe, Stefanie: Rückkehr des Hauptwiderspruchs? Anmerkungen zur aktuellen Debatte um den Erfolg der Neuen Rechten und das Versagen der »Identitätspolitik«. In: PROKLA 47 (2017) S. 411–420.
Hirschman, Albert O.: The Rhetoric of Reaction. Perversity, Futility, Jeopardy. Cambridge 1991.
Jugov, Tamara: Individuelle Verantwortung für globale strukturelle Ungerechtigkeiten: Eine machttheoretische Konzeption. In: Zeitschrift für Praktische Philosophie 4 (2017) S. 151–182.
Kastner, Jens / Susemichel, Lea: Zur Geschichte linker Identitätspolitik. In: Aus Politik und Zeitgeschichte 9–11 (2019) S. 11–17.
Ketterer, Hanna / Becker, Karina (Hrsg.): Was stimmt nicht mit der Demokratie? Eine Debatte mit Klaus Dörre, Nancy Fraser, Stephan Lessenich und Hartmut Rosa. Berlin 2019.
Koppetsch, Cornelia: Die Gesellschaft des Zorns. Rechtspopulismus im globalen Zeitalter. Bielefeld 2019.
Kreckel, Reinhard: Politische Soziologie der sozialen Ungleichheit. 3., überarb. und erw. Aufl. Frankfurt a. M. / New York 2004.
Lessenich, Stephan: Neben uns die Sintflut. Wie wir auf Kosten anderer leben. Akt. und überarb. Ausg. München 2018.
– Die Dialektik der Demokratie. Grenzziehungen und Grenzüberschreitungen im Wohlfahrtskapitalismus. In: Ketterer/ Becker 2019. S. 121–138.
Mackert, Jürgen (Hrsg.): Die Theorie sozialer Schließung. Tradition, Analysen, Perspektiven. Wiesbaden 2004.
Manne, Kate: Down Girl. Die Logik der Misogynie. Berlin 2019.
Marshall, Thomas H.: Staatsbürgerrechte und soziale Klassen. In: Jürgen Mackert / Hans-Peter Müller (Hrsg.): Citizenship – Soziologie der Staatsbürgerschaft. Wiesbaden 2000 [1949]. S. 45–102.
Marx, Karl: Grundrisse der Kritik der politischen Ökonomie. In: K. M. / Friedrich Engels: Werke (MEW). Bd. 42. Berlin 1974 [1857/58].
McNeill, John R. / Engelke, Peter: The Great Acceleration. An Environmental History of the Anthropocene Since 1945. Cambridge 2014.

Milanović, Branko: Global Inequality: From Class to Location, from Proletarians to Migrants. In: Global Policy 3 (2012) S. 125–134.
Mills, Charles Wright: Soziologische Phantasie. Hrsg. von Stephan Lessenich. Wiesbaden 2016 [1959].
Mitchell, Timothy: Carbon Democracy. Political Power in the Age of Oil. London 2011.
Moore, Barrington: Ungerechtigkeit. Die sozialen Ursachen von Unterordnung und Widerstand. Frankfurt a. M. 1982.
Moore, Jason W.: Über die Ursprünge unserer ökologischen Krise. In: PROKLA 46 (2016) S. 599–619.
Murphy, Raymond: The Structure of Closure: A Critique and Development of the Theories of Weber, Collins, and Parkin. In: The British Journal of Sociology 35 (1984) S. 547–567.
– Die Struktur sozialer Schließung: Zur Kritik und Weiterentwicklung der Theorien von Weber, Collins und Parkin. In: Mackert 2004. S. 87–109.
Nixon, Rob: Slow Violence and the Environmentalism of the Poor. Cambridge 2011.
Nullmeier, Frank: Once Upon a Time in the West. Mark Lilla sucht die Zukunft des Liberalismus in seiner goldenen Vergangenheit. In: Soziopolis.de. 18. 12. 2017. Online: https://www.soziopolis.de/lesen/buecher/artikel/once-upon-a-time-in-the-west/
Offe, Claus: Die Utopie der Null-Option. Modernität und Modernisierung als politische Gütekriterien. In: Johannes Berger (Hrsg.): Die Moderne – Kontinuitäten und Zäsuren. Soziale Welt. Sonderbd. 4. Göttingen 1986. S. 97–117.
Parkin, Frank: Strategien sozialer Schließung und Klassenbildung. In: Reinhard Kreckel (Hrsg.): Soziale Ungleichheiten. Soziale Welt. Sonderbd. 2. Göttingen 1983 [1974]. S. 121–135.
Plumwood, Val: Has Democracy Failed Ecology? An Ecofeminist Perspective. In: Environmental Politics 4 (1995) S. 134–168.
Rancière, Jacques: Der Hass der Demokratie. Berlin 2011 [2005].
Schäfer, Armin: Wahlbeteiligung und Nichtwähler. In: Aus Politik und Zeitgeschichte 48–49 (2013) S. 39–46.
– Der Verlust politischer Gleichheit. Warum die sinkende Wahl-

beteiligung der Demokratie schadet. Frankfurt a. M. / New York 2015.
Shachar, Ayelet: The Birthright Lottery. Citizenship and Global Inequality. Cambridge 2009.
Spivak, Gayatri Chakravorty: Can the Subaltern Speak? Postkolonialität und subalterne Artikulation. Wien 2007.
Steinert, Heinz: Schließung und Ausschließung. Eine Typologie der Schließungen und ihrer Folgen. In: Mackert 2004. S. 193–212.
Tocqueville, Alexis de: Über die Demokratie in Amerika. Ausgew. und hrsg. von J. P. Mayer. Stuttgart 1985 [1835/1840]. (Reclams Universal-Bibliothek. 8077.)
Vester, Michael: Von Marx bis Bourdieu. Klassentheorie als Theorie der Praxis. In: M. V. / Ulf Kadritzke / Jakob Graf: Klassen – Fraktionen – Milieus. (Beiträge zur Klassenanalyse. 1.) Berlin 2019. S. 9–67.
Wallerstein, Immanuel: Citizens All? Citizens Some! The Making of the Citizen. In: Comparative Studies in Society and History 45 (2003) S. 650–679.
Weber, Max: Wirtschaft und Gesellschaft. Grundriß der verstehenden Soziologie. 5., rev. Aufl. (Studienausg.) Tübingen 1980 [1922].
White Jr., Lynn: The Historical Roots of Our Ecological Crisis. In: Science 155 (1967) S. 1203–1207.
Wildt, Michael: »Volksgemeinschaft«. Version: 1.0. In: Docupedia-Zeitgeschichte. 3. 6. 2014. Online: http://docupedia.de/zg/wildt_volksgemeinschaft_v1_de_2014
Wood, Ellen Meiksins: Democracy Against Capitalism. Renewing Historical Materialism. Cambridge 1995.
Wright, Erik Olin: Class Counts. Cambridge 2000.
– Reale Utopien. Wege aus dem Kapitalismus. Berlin 2017 [2010].
Young, Iris Marion: Responsibility for Justice. Oxford 2011.

Zum Autor

STEPHAN LESSENICH, geboren 1965, ist Professor für Soziologie an der LMU München und war Vorsitzender der Deutschen Gesellschaft für Soziologie.

Danksagung

Ich danke all meinen Kolleg*innen und Mitarbeiter*innen am Lehrbereich »Politische Soziologie sozialer Ungleichheit« des Instituts für Soziologie der LMU München: Mariam Al-Mehiawi, Thomas Barth, Mirko Broll, Janis Detert, Eva Fleischmann, Bernhard Gill, Saskia Gränitz, Laura Hanemann, Anja Kinzler, Anne Münch, Marc Ortmann, Alexandra Schauer, Anton Schmidt und Laura Späth. Sie sind mir, auf je ihre eigene Weise und insbesondere auch kollektiv, eine beständige Quelle intellektueller Inspiration und persönlichen Antriebs. Ein besseres akademisch-unakademisches Arbeitsumfeld kann es kaum geben.